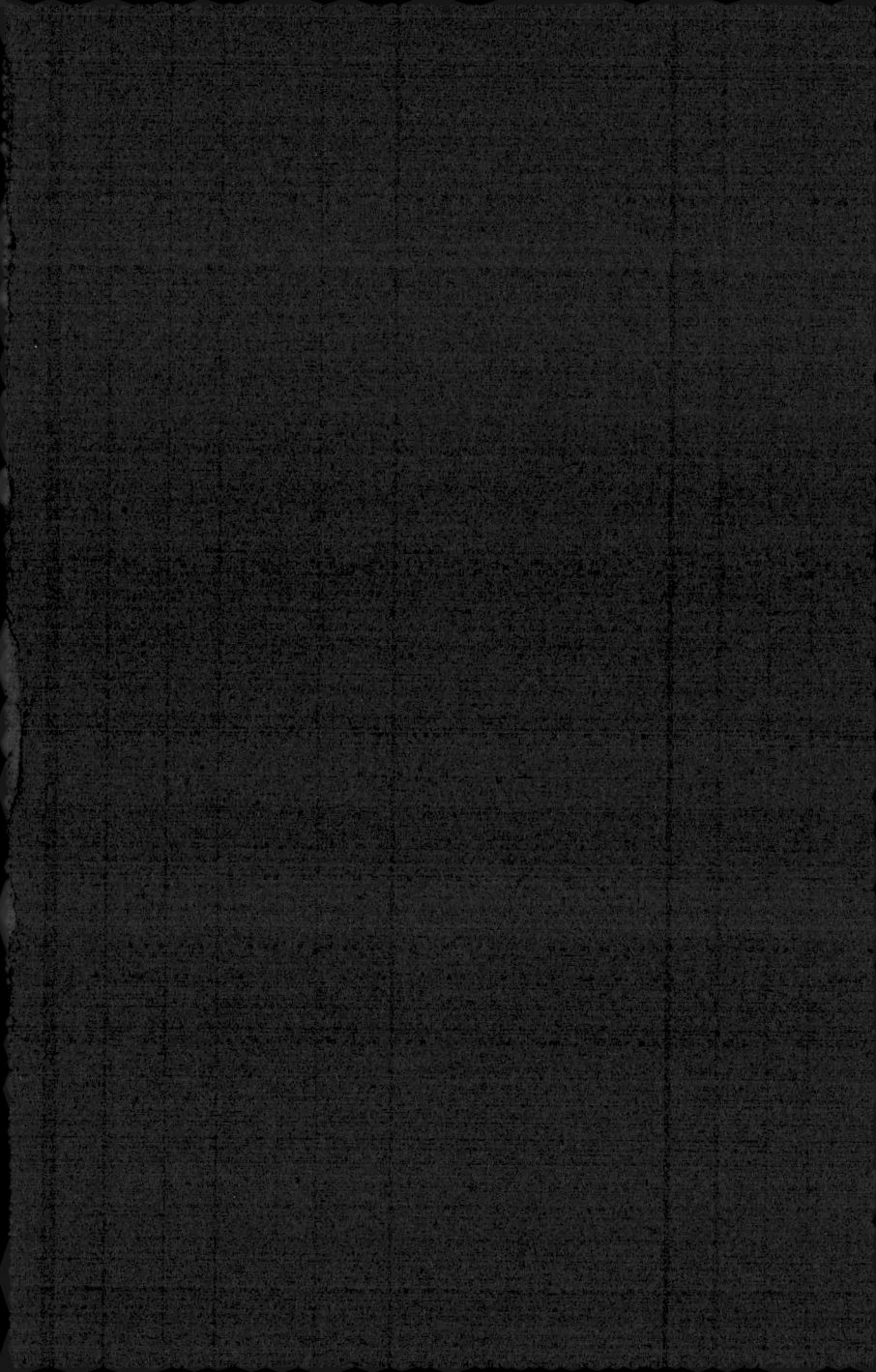

# 真実の中国史

［1949-2013］

黄文雄

ビジネス社

# はじめに

真実の中国史を知るのはむずかしい。ことに日本人にとってはなおさらだ。なぜだろうか。それは中国人独特の歴史観からくるもので、中華史観が独特なのは、中華思想がその背後にあるからだ。

一言で中華史観と言っても、具体的には、いったいどういう史観だろうか。もっとも代表的なのは少なくとも三つをあげられる。孔子の編とされている『春秋』は、春秋の大義名分と尊王攘夷《じょうい》を説き、司馬光《しばこう》の『資治通鑑《しじつがん》』は正統主義を確立し、中華思想のかたまりともいえる。皇帝を中心に歴史を記述することを確立したのは、司馬遷《しばせん》の『史記』である。中華史観の思想を補強したのは、「華夷《かい》の別」を強調する『朱子学』でことに夷狄《いてき》の虐殺を「天殺」として正当化したのは陽明学である。

もちろん中国史の真実を知るのには、中華思想をベースにする中華史観を知るだけでは、「真実」を知ることはできない。

たしかに中国人はインド人以上に歴史が好きなことはまちがいはない。だが、日本人とはちがって、日本人は真実の歴史を知りたがるのに対して、中国人は史実よりも創作のほうが大好きである。その一例としては陳寿《ちんじゅ》の正史である『三国志』よりも大河小説の『三国志演義』のほうが史実以上に巷間《こうかん》の「歴史常識」となっている。

国家、民族、宗教、言語がちがえば、史観も異なるのが常識である。それは国と国の間の見方と考え方がちがうだけでなく、いかなる国であろうと、史説と史観の対立がみられる。だが、中華の国々は、絶対それを認めない。どうしても独善的な「正しい歴史認識」と称するものを相手におしつけなければ気がすまない。それは中華思想そのものにちがいないが、「歴史」も「政治」として考えているからである。もちろん中華の国々にとっては、「歴史」そのものが「政治」であるだけではない。音楽も、スポーツもさらに人間の一挙手一投足にいたるまですべて「政治」として見なされる。

「正史」の編纂《へんさん》目的は、易姓《えきせい》革命の正当性と正統性についての主張以外には、「得失」の教訓を学ぶのが目的である。

それは歴史にかぎらず、「経典」もさけられない。たとえば、春秋戦国時代の諸子百家《しょしひゃっか》の経典は、権威の箔《はく》をつけるために、古代聖人の作を仮託《かたく》するのが多い。偽作も少なくない。漢《かん》の時代に入ってから最初の書とされる「尚書《しょうしょ》」（書経）については、すでに「今文と古代」とのどちらが本物か真偽の論争があった。清《しん》以後、ここ数百年間にわたって、「考証学」や「弁偽学」の発展によって、偽書偽作が逐次《ちくじ》に解明されつつある。

中国史の真実を知るのがむずかしいのは、偽史が氾濫《はんらん》しているのもその理由の一つである。中国史の史実を知るには、まず中華史観をベースとする「歴史」も「政治」を知る以外には、偽史が多いということをまず中国史の常識と知らなければならない。

中国史にかぎって、私の読史の心得として、真実の中国史を知りたい読者によくすすめる方法がある。中国が「正しい歴史認識」を執拗《しつよう》におしつけてきたら、それは「絶対正しくない」と知ること、それを私は「逆観法」と「逆聴法」と称する。もちろん、それは決して私独有の読史法ではなく、先人の徳富蘇峰《とくとみそほう》はかつて中国の経典を読むには、まず支那人の国民性を知り「逆読」すべきだとすすめていた。

宮脇淳子氏が著した『真実の中国史［1840―1949］』（ビジネス社刊）は、岡田史学と史観の結晶としてかなり高く評価され、その続編にあたる人民共和国史を執筆するにあたって、かなり苦慮していた。

二千余年の中華帝国史は二〇世紀の初頭には終焉《しゅうえん》を迎えざるをえなかった。なぜだろうか。時代の流れに抗することができなかったのだろう。

二〇世紀に入って、なぜ帝国から民国、さらに人民共和国へと中華世界は三度も国体が崩壊し、四度も政体を変えざるをえなかったのだろうか。真実の中華人民共和国史を探りながら、その未来の行方まで追うのが本書の史記である。

有史以来、中華の神話を創作しつづけ、ことに人民共和国が建国以来、この神話を理不尽に日本にまでおしつける偽史をどう解読するのか。

本書が真実の人民共和国史とその行方についての参考になれば望外の喜びである。

二〇一三年九月

黄文雄　識

# もくじ

◉もくじ◉



## 一章 なぜ二〇世紀中に中国は三回も国家崩壊したのか

## 二章　前中華人民共和国の毛沢東の時代

## 三章　後中華人民共和国の時代

もくじ

# 四章　万古不易の中国の夢

# 五章　魅力あるソフトウエアがない中国

# 六章 「統一」がもたらす中国の悲劇的な宿命

## 七章 なぜ中国の民主化が絶対不可能なのか

## 八章　自然と社会から読むこれからの中国

# 一章

# なぜ二〇世紀中に中国は三回も国家崩壊したのか

## ①語られざる二〇世紀の中国の国家崩壊

人類が国家や民族を「意識」しはじめたのは近現代になってからである。西洋も東洋もそうである。言いかえれば、国家意識や民族意識をもつようになったのは、国民国家の時代になってからだと言える。それ以前の人類は、国家や民族意識は決してなかったわけではないが希薄だった。

日本人が「われわれ日本人」と口にしはじめたのは、開国維新の時代になってからで、それ以前は長州《ちょうしゅう》人、薩摩《さつま》人といった郷土（藩＝国）意識が強かった。中国人も日本人の意識と変わりはない。「中国人」という言葉が史上に現れたのは『史記』「貨殖列伝」（民間人を取り上げた部分）であるが、「国人」「国民」という意味での「中国人」ではなく「中原《ちゅうげん》の人」という意味である。

そもそも「中国」とは「京師《けいし》」（都）を指し、秦漢《しんかん》時代以前の中国の領域は黄河流域の中下流域の中原、中土を指す地域だった。戦国時代になり、長江《ちょうこう》流域の楚《そ》国も「中国」であると中原の国々から認知されるようになるが、実際に長江以南の江南《こうなん》まで「中国」とみなされたのは、隋唐《ずいとう》時代以後である。

**鄧小平（1904〜1997）** 中華人民共和国の政治家。毛沢東の死後、その後継者である華国鋒から実権を奪い、事実上の中華人民共和国の最高指導者となる。「改革開放」政策を推進して市場経済の導入を図る。死後、鄧が唱えた社会主義市場経済や中国共産党の正当化などの理論は、鄧小平理論として中国共産党の指導思想に残された。

**毛沢東（1893〜 1976）** 中華人民共和国の政治家、軍事戦略家。初代中華人民共和国主席。中国共産党の創立党員の1人で、党内の指導権を獲得し、1945年より中国共産党中央委員会主席。国共内戦では蔣介石率いる中華民国を台湾に追いやり、中華人民共和国を建国。以後、死去するまで最高指導者の地位にあった。

二〇世紀だけでなく、二一世紀の今日にいたっても「国民」としての中国人は存在しない。これまで「天民」「生民」などと称されていたのが、人民共和国の時代になってから「人民」と称されるようになった。だが、「黒五類《こくごるい》」（労働者階級の敵）とみなされた人々は「反人民」と称されて「人民」と認められなかった。「反人民」は「改造」されてからはじめて「人民」と称されることができる。今の民主活動家でさえ「国民」ではなく、「中国公民」と自称するのが現実である。

中国人は「中国は一つ、永遠不滅、五〇〇〇年来世界で唯一亡国したことのない国」と誇りにし、他人にまでその「自己主張」を押しつけようとしているが、そのような自己主張にはなんの根拠もない。二〇世紀だけでも国体や政体が数度も変わったのが歴史的現実である。それは体制の崩壊というよりも国家の崩壊とみることもできる。

具体的に言えば、一九一一年の辛亥《しんがい》革命により最後の中華帝国王朝だった清帝国から中華民国となり、そして戦後に再燃した国共内戦で勝利した中国共産党が中華人民共和国を樹立した。人民共和国も、文革以前の毛沢東《もうたくとう》の社会主義体制の人民共和国と、鄧小平《とうしょうへい》の改革開放後の「権貴《けんき》資本主義」と称される人民共和国は、まったく異なる体制と国家であると言える。つまり二〇世紀中に四度も国体と政体が変化しているのである。まるで、死んだと思ったら生き返る怪獣映画のようだ。

**史記**　前漢の武帝の時代に司馬遷によって編纂された中国の歴史書。正史の第一に数えられ、二十五史の1つ。
**辛亥革命**　1911年から12年（民国元年）にかけて発生した革命。革命が勃発した1911年の干支の辛亥年に因む。

## ②中華帝国を動かす易姓革命の原理

一般的に、ユーラシア大陸の西側と東側は西洋と東洋と称され、その中間や中心地域は中亜《ちゅうあ》や西亜《せいあ》と称され、中洋《ちゅうよう》（例えば人類学、生態学者の梅棹忠夫《うめさお》）と称されることさえある。

これまでの人類史の中でさまざまな文明の盛衰、国家の興亡があった。それぞれの興亡盛衰の歴史はそれぞれの地域に限定していても、類似性がないではなかった。たとえば古代ローマ帝国からビザンチンの東ローマ帝国、第三ローマ帝国と自任するロシア帝国などの興亡と、東洋の秦漢帝国から隋唐帝国、そして清帝国にいたるまでの帝国の興亡は、歴史幾何学的には対称的であり、類似性も少なくない。

ユーラシア大陸の東側の東洋史に限定して見ても、中華世界や東亜世界だけでなく、歴史的世界には、北アジア史から中央アジア史、南アジア史、さらに東南アジア史にも陸の東南アジアと海の東南アジア史、あるいは南洋史など独自の歴史世界があった。

中国史は歴代王朝が編纂《へんさん》した「正史」を中心に語られる。学校教育でも政治、軍事、文化史を中心に教えられる。こうして中華史観が広がり定着していき、中国人の歴史意識を形成していく。「正史」の史説、史観だけでは、中華思想の形成には大きな役割を果たしても、冷静に中国史を語ることはできないと私は若いころから知っていた。中国史像を正確に把握するには、地政学的史眼、さらに生態学的、植生学的史眼から見る必要がある。

中国史を語る際、秦漢以後二千余年の中華帝国史のほか、先秦時代にまでさかのぼって春秋《しゅんじゅう》戦国《せんごく》、さらに夏《か》、殷《いん》、周《しゅう》「三代」、さらに神話、伝説の時代である「三皇五帝《さんこうごてい》」の時代にまでさかのぼることが多い。ことに近現代の歴史教育では石器時代や原人の時代にまで行き着くのも一般的となっている。

二〇世紀以後の中国人は国史について、一貫性、連続性を強く主張する。だが、少なくとも中華民国の時代は清王朝時代の中華意識の強いエリートとは国家、天下観が異なっている。中国は元《げん》と清《しん》の侵入によって、二度亡国したという歴史意識である。

中華世界には、中華歴代王朝のように統一王朝の時代もあれば、春秋戦国や五胡十六国《ごこじゅうろっこく》、南北朝、五代十国《ごだいじっこく》のような多国家の時代もあった。『三国志演義』冒頭の台詞である「天下久しく分すれば必ず合し、久しく合すれば必ず分する」という歴史意識は民衆にもあった。「治乱《ちらん》興亡《こうぼう》」（世の中が治まって盛んになることと乱れて衰えること）の歴史意識が広く存在し、王朝や国家の興亡は易姓《えきせい》革命の原理によって理論化され、説明されている。もちろん清王朝の崩壊は易姓革命という内因以外に外因もある。

**三皇五帝**　中国神話伝説時代の帝王。三皇は神、五帝は聖人としての性格をもつとされた。天皇・地皇・泰皇（人皇）を三皇とする説など諸説ある。
**五胡十六国時代**（304〜439）漢（前趙）の興起から北魏の華北統一までを指す。当時、中国華北に分立興亡した民族・国家の総称である。十六国とは北魏末期の『十六国春秋』に基づくものであり、実際の国の数は16を超える。
**五代十国時代**（907〜960）唐の滅亡から北宋の成立までの間に黄河流域を中心とした華北を統治した5つの王朝（五代）と、華中・華南と華北の一部を支配した諸地方政権（十国）とが興亡した時代を指す。
**易姓革命**　古代中国において、孟子らの儒教に基づく、五行思想などから王朝の交代を説明した理論。天は己に成り代わって王朝に地上を治めさせるが、徳を失った王朝に天が見切りをつけたとき、革命（天命を革める）が起きるとされた。

## ③ウエスト・インパクトが変えた易姓革命の中国

秦《しん》帝国以後の中国の統一王朝は、秦末の陳勝呉広《ちんしょうごこう》の乱、西漢《かん》・新《しん》末の赤眉《せきび》・緑林《りょくりん》の乱、東漢《かん》末黄巾《こうきん》の乱など王朝末期に貧困化した農民やカルト集団の反乱によって易姓革命を遂げ、新しい王朝が打ち建てられていった。あたかも歴史の法則のように中華王朝の「一治一乱」が繰り返されていく。

中華世界に限定される易姓革命という原理によって王朝が興亡盛衰するほか、万里長城の国防的役割が機能しなくなって北方夷狄《ほっぽういてき》が関内（長城の内側）に入り、中華世界を征服（中国の伝統的史観では「統一」と称する）することも多い。たとえば、五胡十六国や南北朝の時代、遼《りょう》、金《きん》、夏《か》や元《げん》、清の時代のように夷狄が中華世界に王朝をつくった時代もあった。

中国的な史説、史観によれば、中華は一時的に軍事的優位を夷狄に奪われ、征服されても、逆に夷狄が中華文化に征服、同化されたとする中華文明の国自慢もある。

だが、西洋文明だけが例外で、一九世紀中葉以後の近現代史を見るかぎり、ことにアヘン戦争をきっかけに、中華文明は逆に西洋文明の「周辺文明」や「衛星文明」に転落し、編入されつつあるのが現実である。

ここで語る「西洋文明」とは概括的な用語であり、さらに具体的な概念は、近代国民国家をも含めての近現代的な西洋文明の価値体系である。

大航海時代以後、約五〇〇年以上にもわたって、非西洋文明圏の諸民族や地域は、次から次へと西洋の植民地へと転落していった。産業革命や市民革命の後になると、英仏が近代国民国家として抬頭《たいとう》しはじめ、一九世紀にはイタリアやドイツまでが統一国家になり、さらに日本やアメリカも列強につらなるようになる。

一九世紀中葉のアヘン戦争後、中国から西夷《せいい》とみなされた西洋列強はすでに地球分割を完了し、最後の清国分割にとりかかろうとしていた。東夷《とうい》の日本も日清、北清、日露戦争後に大陸進出を加速、深化させていた。ただ東夷の日本には当時、列強とのパイの分け前に参入するよりも、「支那覚醒《かくせい》」「支那保全」といった大アジア主義的な声も強かった。西夷も東夷も中華世界を征服してきた北方夷狄とまったく異なるのは、中華文明にはなにも魅力を感じなかったことだった。

むしろ中華帝国崩壊の危機が強まる中で、洋務《ようむ》（自強）運動の挫折をはじめとして戊戌《ぼじゅつ》維新も失敗し、立憲運動も遅々として進まなかったことが致命傷となった。

清王朝は一八世紀末に入ると、白蓮《びゃくれん》教をはじめとする乱や回乱といった教匪《きょうひ》（カルト）の乱の危機もあったが、どうにかうまく生き残った。帝国が崩壊したもっとも根本的な理由は西洋文明と遭遇したことだ。突如太陽の光に照らされたミイラが、急激な環境の変化に耐えられず自滅したのである。

**陳勝呉広の乱**　秦末期（BC209）に陳勝と呉広が起こした、史上初の農民反乱。

**赤眉・緑林の乱**　新朝末に発生した農民反乱軍の名称。眉を赤く染め政府軍と区別したことから赤眉軍と称される。緑林軍は当時活動した民間武装勢力。

**黄巾の乱**　後漢末期（184年）に太平道の教祖張角が起こした農民反乱。目印として黄色い頭巾を頭に巻いたことから、この名称がついた。後漢の衰退を招き、三国時代に移る契機となった。

**洋務運動**　清朝末期（1860年代前半～90年代前半）に起こったヨーロッパ文明の科学技術を導入することで国力増強を図ることを意図した運動。別名自強運動。清朝の高級官僚であった曽国藩・李鴻章・左宗棠らが推進者。

**戊戌維新**（変法）清王朝時代（1898年、戊戌の年）、光緒帝の支持の下、若い士大夫層である康有為・梁啓超・譚嗣同らの変法派によって行われた政治改革運動。西太后によるクーデターのため、わずか100日あまりで頓挫。

**白蓮教**　南宋代から清代まで存在した宗教。革命思想が強くなり、何度も禁教令を受け、元末、大規模な反乱を起こした。目印として紅い布を付けたことから紅巾の乱とも呼ばれる。明の太祖朱元璋も白蓮教徒だったが、皇帝となると一転して白蓮教を危険視し、弾圧した。その後も白蓮教は革命を望む民衆の間で信仰されつづけ、異民族支配に反抗する秘密結社の紐帯となっていた。清代には大規模な反乱を起こしたが（白蓮教徒の乱）、1813年を最後に沈静化した。

## ④中華民国はなぜ短命なのか

清帝国がなぜ滅びたのかについては、拙著『中華帝国の興亡』（ＰＨＰ研究所）や『それでも中国は崩壊する』（ＷＡＣ）に詳述している。

では、二千余年にもわたる中華帝国歴代王朝の易姓革命の法則がなぜ消えたか、なぜ帝国から民国になったのか、民国はなぜ短命だったのかについて、それを解説する論著は絶無に等しい。

中華文明の主体であるはずの中華帝国が二〇〇〇年以上も国の「かたち」を維持しながら、なぜ易姓革命が機能しなくなり、民国に体制が変わり、それまた夭逝《ようせつ》してしまったのか。この原因は中華文明と西洋文明との拡散力と生命力の差にもみられる。国家も民族も、時代と環境の変化によってその生存条件が異なるのだ。

一九世紀中葉ごろから世紀末の戊戌維新に至るまで、内部の革新はことごとく失敗に終わった。ことに列強の時代を迎え、従来の中華帝国という国の「かたち」が生き残らないであろうことを、国事に携わり国政に関心をもつ知識人は悟っていた。これからどうすればよいか、国の「かたち」を変えていかなければならないと認識していた志士たちにも、二つの流れが見られる。

具体的には、明治維新をモデルに改革維新を目指す康有為《こうゆうい》や梁啓超《りょうけいちょう》のような立憲維新派と、フランス革命をモデルに王朝打倒を目指す孫文《そんぶん》や章炳麟《しょうへいりん》のような革命派がいた。一九一一年一〇月一〇日の辛亥《しんがい》革命後、はじめ新軍と立憲派の各省諮議局《しぎきょく》（地方議会）が主流になったが、やがて革命派の南京《なんきん》臨時政府と実力派の北京《ペキン》政府が対立し、中華民国の北京政府が主力となる。

**蔣介石（1887〜1975）** 中華民国の政治家、軍人。第3代・第5代国民政府主席、初代中華民国総統、中国国民党総裁。特級上将。孫文の後継者として北伐を完遂し、中華民国の統一を果たして同国の最高指導者となる。1928〜31年と、1943〜1975年に死去するまで国家元首。中国共産党に敗れて1949年より台湾に移り、大陸支配を回復することなく没した。

**孫文（1866〜1925）** 政治家・革命家。初代中華民国臨時大総統。中国国民党総理。辛亥革命後に亡命先のアメリカより帰国、臨時大統領に選出された「中国革命の父」。中華民国では国父、また中華人民共和国でも「近代革命先行者」として近年「国父」と呼ばれる。中国では孫文よりも孫中山の名称が一般的であり、孫中山先生と呼ばれている。

ことに袁世凱《えんせいがい》総統の帝制、張勲《ちょうくん》の復辟《ふくへき》から北方軍閥の内戦、国民党内戦、国共内戦をはじめ、各省各県の武装勢力の抗争、政府の乱立があり、連邦（聯省自治）派と中央集権派の対立など争乱がつづく。

　中国史にも秦、新、隋のような短命王朝の時代もあったものの、中華民国の三九年とは名目だけで、中国史上、じつに五代十国以上の多政府にして戦乱国家、匪賊《ひぞく》国家であった。

　では中華民国がいつ亡国したかについては、さまざまな主張がある。袁世凱の帝制以後、北京政府が蒋介石《しょうかいせき》率いる南京政府に取って代わった後、民国革命の元勲、中華民国の名付け親である章炳麟は、中華民国の「亡国」を宣言した。国共内戦に敗れ、台湾に亡命した蔣介石も「亡国」と公言した。現在、中華人民共和国となっている国連加盟国の公式名称はかつて「中華民国」のままであった。しかしそれはあくまで一時の方便にすぎない。

**康有為**（1858～1927）清末民初にかけての思想家・政治家・書家。戊戌の政変で実弟を含む同志が処刑。しかし自身は宮崎滔天らの手引きで香港を経由して日本に亡命。犬養毅や大隈重信、伊藤博文といった明治の著名人と親交を結んでいる。辛亥革命が起こると、帰国する。

**梁啓超**（1873～1929）清末民初の政治家、ジャーナリスト、歴史学者。戊戌の政変で日本に亡命。辛亥革命の翌年帰国。『新民説』ほか膨大な著作で、毛沢東など中国の若者に大きな影響を与えた。

**章炳麟**（1869～1936）清末民初にかけて活躍した学者・革命家。戊戌の政変で日本に亡命。辛亥革命後、革命宣伝の功績により民国政府より勲一等が授与され、孫文や黄興とともに革命三尊と称される。

**袁世凱**（1859～1916）清末民初期の軍人・政治家。北洋軍閥の総帥。大清帝国第2代内閣総理大臣を務めたが、清朝崩壊後は第2代中華民国臨時大総統、初代中華民国大総統に就任。一時期中華帝国皇帝として即位し、その際に使用された元号より洪憲皇帝と呼ばれる。

**張勲**（1854～1923）清末民初の軍人・政治家。革命後も清朝に忠節を尽くす。袁世凱死後の1917年、混迷する新政府の動きを見て、すでに退位していた先帝の溥儀を担ぎ、再び即位させて帝政の復古を宣言。いわゆる張勲復辟事件に発展した。

## ⑤中華民国の歴史的国際生存環境

人類史にはさまざまな文明の盛衰があり、それに対応するそれぞれの国家存亡の時代条件もあった。国のかたちとしては、少なくとも「都市国家」や「封建国家」、「世界帝国」、そしていわゆる「近代国民国家」がある。

大航海時代後、産業革命と市民革命の歴史産物として誕生した「近代国民国家」は、列強時代には徐々に国の「かたち」として時代の主流となり、地球上至るところで国民国家が生まれた。

近世以来の巨大な「世界帝国」は、二〇世紀に入ると、いわゆる国内革命によって軒並み崩壊していく。それは決して清帝国だけでなく、ロシア帝国も、オスマン・トルコ帝国も、近世以来ヨーロッパの主役だったオーストリー・ハンガリア帝国まで欧州大戦（第一次世界大戦）後に瓦解《がかい》してしまった。

それは時代の流れともいえる。

中華民国はこの時代の流れに乗り、「国民革命」に成功したものの、中華帝国という二千余年の歴史社会の伝統の中で、すぐ帝国から「民国」へと生まれ変わることは、それこそ至難のわざと言うほかなかった。

伝統も風習も長い時間の間に社会のしくみとなり、それほど急に変えられるものではない。中華帝国史上「変法維新」の史例、たとえば「新《しん》」王朝の王莽《おうもう》の儒教千年王朝の試みも、宋・王安石《おうあんせき》の変法《へんぽう》も、党争ばかりを後に残しただけで、成功した史例はなかった。

真命天子たる皇帝が急に中国からいなくなった後の民国はいったいどうなるか、袁世凱の帝制も張勲の復辟《ふくへき》もこういう状況から生まれたものだ。フランス大革命後もこれによく似たアンシャンレジムがあった。

民国政府樹立後の国民国家も所詮《しょせん》、理想と建前のみで、民意を問うシステムを確立することは不可能に近い。連省自治派が湖南《こなん》で独自に制定した憲法も、結果的には湖南人の幻想でしかなく、湖南と湖北《こほく》の戦争となった。広西《こうせい》vs.広東《かんとん》の戦争も連邦派vs.統一派の戦争となり、連邦派が建国に成功したのは、関東軍の支援を得た満州国の建国のみだった。

帝国から民国に体制をつくり変えるのは、社会のしくみからも文化伝統からも、至難というよりは不可能だった。

中華世界はそもそも民意よりも天意（天子の意向）にしたがう歴史社会だった。中国そのもの、ことに中華帝国歴代王朝は天下であって国家ではなかった。天下をむりやりに国家につくり変えること自体、天下原理にも国家原理にも反し、争乱が絶えないのもそこに原因がある。

もちろんそれだけではない。民国時代の政府乱立と内戦は列強の代理戦争の性格が強い。たとえば、南京政府の背後には日本、重慶《じゅうけい》政府の背後には英米、延安《えんあん》政府の背後にはソ連があるため、中華民国政府は列強の支援がなければ内敵を抑えることができなかった。五代十国の時代もそうだった。

**王莽**（BC45〜23）新朝の皇帝。史上初めて帝位の簒奪を遂げた人物。周代の治世を理想とし、儒教をもとに国政を行った。だが、現実性に欠如した政策は短期間で破綻、貨幣の流通や経済活動も停止したため民衆の生活は西漢末以上に困窮。群雄が割拠して大混乱に陥る。遂には臣下にも背かれて、長安城に更始帝の軍勢が入城、その混乱の中で殺された。これにより新は1代限りで滅亡した。

**王安石**（1021〜1086）北宋の政治家・詩人・文章家。皇帝神宗の政治顧問となり、制置三司条例司を設置して新法を実施し、政治改革に乗り出す。しかし皇太后・宦官・官僚の強い反対により神宗も解任せざるをえなくなり、地方へと左遷された。

## ⑥毛沢東の社会主義社会建設はなぜ挫折したのか

マルクスをはじめ多くの西洋社会主義系の学者は、中国の内乱は西洋列強や帝国主義の侵略が起因となったと唱え、その史説史観は戦後史の主流として定着している。

しかし、このような中国史観は決して正確ではない。近代中国の内乱は中華帝国史のさだめといってよいほど、必然的なものといえる。西洋列強による侵略がなくても、数千年来ずっと

「一治一乱」の循環は、歴史の鉄則ともいえるほどつづいてきたものだ。

たしかに太平天国の乱や義和団の乱をはじめ、辛亥革命も社会主義革命も西洋思想からの影響が強いことは否定できない。しかしだからといって、列強の「侵略」が原因で起きたとはいえない。

中国の内乱ははるかアヘン戦争より半世紀も前の一八世紀末、白蓮教の反乱から「十年の動乱」といわれる文革《ぶんかく》に至るまで、延々とつづいていた。いわゆる「教匪」や「会匪《かいひ》」の乱の中で、華北の捻匪《ねんぴ》の乱やイスラム教徒の回乱についてまで、いくら何でも西洋列強の「侵略」と因果関係があると説くのはむずかしい。

清王朝が崩壊したのは「国民革命」といわれる国内革命によるもので、民国が亡国したのは、国共内戦の結果としてのいわゆる「社会主義革命」によってである。そのほか、国民革命と社会主義革命の間に北京政府が消滅したのは、国共内乱と似ている南京政府対北京政府の内乱の結果による。鄧小平の改革開放後の「権貴《けんき》資本主義」体制と同じく、国名を変えずに政体のみを変えたのだ。

二〇世紀に入って、帝国で生き残っていくのが無理だから民国になった。民国も共和制を確立することはできなかったので、社会主義社会を目指す人民共和国体制となった。

人民共和国の理念はたしかに西洋的であっても、民国よりも帝国の理念に近い。たとえば社会主義革命は「世界革命、人類解放、国家死滅」というスローガンで理想社会を目指し、国民国家を否定するのが前提である。清帝国時代の天下国家というコスモポリタン的な国の「かたち」の発想に近い。

国共内戦の結果、社会主義革命は成功したものの、社会主義改革はすべて裏目に出た。そのもっとも代表的なのは、大躍進《だいやくしん》の挫折からさらに「一〇年の動乱」となった文革の失敗である。結果的には中国的特色をもつ社会も中国の国土には根を下ろせなかった。それが、社会主義建設が失敗したもっとも基本的な理由となったのだろう。

**太平天国の乱**（1850～1864）清朝で起こった大規模な反乱。洪秀全を天王とし、キリスト教の信仰を紐帯とした組織太平天国によって起きた。

**義和団の乱**（1900～1901）清朝末期の秘密結社義和団が起こした動乱。西太后がこれを支持して、宣戦布告したため、日本を含む欧米との戦争となった。

**捻匪の乱**　清末、農民の反乱。捻軍ともいう。もとは華北一帯で博打や強盗をする遊侠集団であった。アヘン戦争後の社会不安と不況が続く中で、農民も加わるようになり、次第に反清朝となり、1853年太平天国が長江流域におよぶとそれに呼応して軍事行動を起こす。64年に太平天国が滅亡してからも抵抗を続け、李鴻章軍に押されて66年に東西に分裂し、68年に東捻が壊滅、さらに西捻は山西から山東に転戦したが鎮圧された。蜂起から鎮圧まで、16年の長期にわたった。

## ⑦二〇世紀の社会主義社会の幻想とともに消えた中国の夢

一九世紀には植民地主義が人類最大の夢だったとすれば、二〇世紀における人類最大の夢は社会主義社会だった。オーエンやフーリエのいわゆる空想的な社会主義から、マルクス・レーニン主義のいわゆる科学的社会主義思想が社会の主流思想となったのは、二〇世紀に入ってからである。ことに第二次世界大戦後、植民地独立の波とともに一世を風靡《ふうび》した。

中国共産党は一九二一年にコミンテルンの指導下で成立した。初期の指導者である陳独秀《ちんどくしゅう》も李大釗《りたいしょう》もともに日本留学組だった。はるか辛亥革命の前、維新派と革命派が抗争中に、社会主義運動の活動家だった張継《ちょうけい》らは革命同盟会を舞台に過激な主張と活動を繰り返していた。

孫文の国民革命の活動もはじまる。はじめはアメリカの共和制、次にフランス共和制、そしてロシア革命後にはレーニンに傾倒し、広州政府をつくって北京政府に対抗した。コミンテルンの指導下で、国民党と共産党は一蓮托生《いちれんたくしょう》のかたちで、国共合作と国共内戦を繰り返し、国共内戦に勝ち抜いたのは共産党だった。第二次世界大戦後に植民地が次々と独立し、社会主義革命が吹き荒れる潮流の中で、中国社会主義革命の成功はロシア革命につぐ「第二革命」とも称される。

第三革命として期待された「日本人民民主主義共和国」の革命が不発に終わったことは、世界革命を目指す社会主義革命運動にとっては大きな痛手だった。その後、東西冷戦の時代に入り、ソ連、東欧の崩壊にいたっている。

ソ連のノーベル文学賞受賞者のソルジェニーツィンは、社会主義体制が崩壊したのは、いくら総括《そうかつ》し階級を掲げても、とうとう宗教と民族には勝てなかったことが理由であったと分析している。

じっさい九〇年代にソ連・東欧の社会主義体制が崩壊するよりも十数年も前に、中国では文革の統括と毛沢東の死去により、「中国的特色をもつ社会主義体制」はすでに崩壊している。政府を指導する共産党までが崩壊し、生き残っているのは人民解放軍のみだった。八〇年代に入ってから、改革開放せざるをえない時代と社会背景があった。

九〇年代に入ってから、マルクス・レーニン主義はすでにイデオロギーとしての魅力が完全喪失しただけでなく、西側の社会主義体制まで崩壊し、中国は改革開放、ベトナムはドイモイなどの体制変革を行い、やっとのことで生き残っていった。中国的特色をもつ社会主義体制はすでに文革後に崩壊していた。それは中国を先駆として、ソ連、東欧の崩壊によって顕在化したのである。

**陳独秀**（1879〜1942）中華民国の革命家・ジャーナリスト・政治家。中国共産党の創立者の1人で、初代総書記に選出された。国民革命と第一次国共合作に失敗し、トロツキズム運動に転向するも頓挫。新文化運動、五四運動、国民革命など1910年代から20年代にかけての中華民国史の流れの中心人物。

**李大釗**（1889～1927）中華民国の政治家。中国共産党創設の主要メンバーの1人で、中国国民党第1回中央執行委員。1927年南京事件の背後に共産党とソ連の策動があるとして、張作霖はソ連大使館に軍隊を派遣。大量の武器を保有し中華民国に反対する活動を行っているとされ、李も逮捕、軍法会議に送られた。軍法会議で絞首刑に処された。

**張継**（1882～1947）中華民国の政治家。日本の留学生として早稲田大学などで学ぶ。革命同盟会以来の革命派人士で中国国民党でも要職をつとめた。西山会議派に参加するなど国民党内反主流派の人物としても知られる。

**アレクサンドル・ソルジェニーツィン**（1918～2008）ソビエト連邦の作家、劇作家、歴史家。1990年代ロシア再生の国外からの提言者。ソビエト連邦時代の強制収容所グラグを世界に知らせた『収容所群島』や『イワン・デニーソヴィチの一日』を発表し、1970年にノーベル文学賞を受賞。1974年にソ連を追放されるも、1994年に帰国した。

**ドイモイ**　1986年のベトナム共産党第6回党大会で提起されたスローガン。主に経済（価格の自由化、国際分業型産業構造、生産性の向上）、社会思想面において新方向への転換を目指したもの。

# 二章

# 前中華人民共和国の毛沢東の時代

## ①中国史から中華人民共和国史の語り部

中国史の中で中華人民共和国史をどう書き、どう語り、どう見るか。人民共和国以後の中国人が、「正史」編纂というかたちで語ることもありうる。

中華人民共和国は一九四九年の一〇月一日に建国した。建国百年にあたる二〇四九年や中国共産党建党百年に当たる二〇二一年について、あれこれ予想を語る言論人もいる。ことに二一世紀は「中国人の世紀」と予言する者ほど、未来について語りたがる。

日本に「来年のことを言えば鬼が笑う」という諺《ことわざ》がある。だが、中国人は「当たるも八卦《はっけ》、当たらぬも八卦」以上には、これからの話をあまり信じないようだ。

日本人は占い好きで、テレビの占い番組は人気がある。「必ず墓参りをしなさい」「あなたは地獄へ行く」とタレントが恫喝《どうかつ》されて涙を流すシーンは、見ていて気の毒なほどだ。新宿の母や銀座の母は一時、長蛇の列ができるほど人気があった。

だから言論人でも、未来について「こうなるだろう」「こうあるべきだ」と言う占い師のような者が人気がある。

かつて漢王朝を西漢と東漢、さらに前漢と後漢と区別して称したように、中華人民共和国も前人民共和国と後人民共和国とに分けて呼ぶのがよいだろう。毛沢東時代の人民共和国と鄧小平以後の人民共和国は、イデオロギーから国家的性格までまったく異なるからである。

じっさい同じ時代区分と呼称であっても、たとえば五胡十六国の時代については、後世になって前秦と後秦、前趙と後趙と呼称するようになった。どう「国号」を呼称するか、当事者にはそれぞれの思惑がある。後世の目はより客観的であろう。

たとえば「中華民国」はすでに亡国している。享年三九歳である。それでも蔣介石父子の流れをくむ一団は台北に陣取って、一時「二つの中国」として共産党と正統政府の座を争っていた。七〇年代に入って国連から脱退した後も「中華民国」と名乗りつづけている。二〇一一年一〇月一〇日には辛亥革命百年、二〇一二年元旦には中華民国建国百年祭を、はじめは大々的に、やがてひっそりと行っていた。

私は辛亥革命百年と建国百年祭に際しての祝辞に代え、民国百年史の中の百の嘘《うそ》をまとめた『辛亥・民国百論』（前衛出版社）を上梓した。中でも百年来の百の嘘として、八章と九章に前中華人民共和国と後中華人民共和国の嘘の歴史を記述した。

## ②両極端に毀誉褒貶される建国の父・毛沢東

中国史上、「暴君」はたまた「聖者」と両極端に毀誉褒貶《きよほうへん》された人物は毛沢東には限らない。中国歴代王朝の建国の父はたいていそうである。中華帝国の建国の父、秦の始皇帝の天下統一しかり、毛沢東も在世時は聖者として崇められたが、死後は暴君のイメージが強くなる。改革開放後も、毛沢東についての人物評は党内外でも功過は半々で、両極端に分かれている。

二〇一二年の党大会の前に失脚した重慶市書記の薄熙来《はくきらい》が推進した「唱紅打黒《しょうこうだこく》（革命ソングを歌いマフィアを掃討する）」運動では、民衆が熱狂的に毛沢東時代の革命ソングを歌い、賛同した。毛沢東の神話が今なお民衆に支持されていることからも、死後も魅力が残っていることを物語っている。

中国という巨大な国家を創業することはじつにむずかしい。秦王政《せい》（後の始皇帝）は宮室内部を抑え、六国を統一した。毛沢東も、いわゆる党内の十大闘争を勝ち抜き、さらに国共内戦に勝たなければならなかった。

それほどの難業を為すのは凡人では不可能で、「権謀術数《けんぼうじゅっすう》」に頼るだけでできることではない。それは建国の父たる始皇帝や毛沢東だけではない。中国史上の名君や明君はすべて暴虐な性格でなければ務まらない。史上随一の名君といわれた唐の太宗《たいそう》は兄弟一族を皆殺しにし、父を上皇に追い詰め、帝位についた。宋の太宗《たいそう》も明の成祖《せいそ》も、漢の武帝《ぶてい》も、一族殺しを避けられなかった。それは中国の君主、ことに名君としての運命であり宿命ではないだろうか。

もちろん国家指導者のすべてが毛沢東や始皇帝のような有能な実力者タイプとはかぎらない。たとえば、漢の開祖である劉邦《りゅうほう》と民国革命の父と称されている孫文は、毛沢東型の開国の祖というよりも詐欺師的な他力本願のタイプである。実力で勝ち取ったのではなく、詐欺かホラ吹きで天下を騙《だま》し取ったヤクザタイプの国家指導者もいた。

**汪精衛（1883～1944）**中華民国の政治家。日本では「汪兆銘」という名前で有名。蒋介石と離れ、南京国民政府を樹立し、日本との和平交渉に臨むも、死去。法政大学に留学経験のある知日派として知られた。写真はタイム誌の表紙を飾ったとき（1935年）

蒋介石は国民党内戦の中で、李宗仁《りそうじん》、馮玉祥《ふうぎょくしょう》、閻錫山《えんしゃくざん》など軍の実力者と、武漢政府から北京政府、広州政府まで抑え、中原大戦で党内群雄に勝ち抜き、日中戦争中に重慶政府をつくり、戦後、汪精衛《おうせいえい》の南京政府まで接収したものの、国共内戦で毛沢東の率いる人民解放軍には勝てなかった。

戦後再燃した国共内戦はアメリカの援

助がありながらも一路敗走、天下を失って人民共和国となった。

銃口から政権が生まれる。それが中国の国家原理だった。人民共和国の誕生はプロレタリア革命というよりも国共内戦の結果である。

**薄熙来**（1949〜）中華人民共和国の政治家。国務院副総理などを務めた薄一波を父に持ち、太子党に属する。保守派の旗手として第17期中国共産党中央政治局委員兼重慶市党委員会書記を務めたが、胡錦濤派との権力闘争に敗れて失脚した。

**太宗**（唐）（598〜649）唐の第2代皇帝。李世民。高祖李淵の次男で、玄武門の変で兄の李建成と弟の李元吉を殺害し皇帝に即位した。唐王朝の基礎を固める善政を行い、中国史上最高の名君の一人と称えられる。

**太宗**（宋）（939〜997）北宋の第2代皇帝。太祖趙匡胤の弟。名は匡義。太祖が死去してから、息子が後を継ぐところを弟の太宗が即位したことには、非常に不可解な点が多く、「千載不決の議」と呼ばれ、太宗による暗殺説も消えなかった。

**成祖**（永楽帝）（1360〜1424）明の第3代皇帝。名は棣（てい）。廟号は太宗であったが、嘉靖帝の時に成祖と改称された。甥にあたる建文帝に対して起こした反乱靖難の変に勝利して皇帝に即位した。

**武帝**（漢）（BC159〜BC87）前漢の第7代皇帝。名は徹。廟号は世宗。先に皇太子に立てられていた長兄の劉栄を押しのけて即位した。また巫蠱（ふこ）の獄という冤罪事件でわが子（皇太子）を死なせている。

**劉邦**（BC247〜BC195）前漢の初代皇帝。沛県の亭長であったが、反秦連合に参加した後に秦の都咸陽を陥落させ、一時は関中を支配下に入れた。その後項羽によって西方の漢中へ左遷され漢王となる。その後に東進して垓下に項羽を討ち、前漢を興した。高祖と呼ばれる。

**李宗仁**（1890〜1969）中華民国の軍人・政治家。国民政府（国民革命軍）の軍人で、白崇禧・黄紹竑とともに新広西派（新桂系）の主要な指導者の1人と目される。国共内戦期には中華民国副総統に当選し、内戦末期に短期間ながら代理総統も務めた。

**馮玉祥**（1882〜1948）中華民国の軍人。北京政府に属し、当初は直隷派であったが、後に国民軍を組織し、その指導者となった。北伐に際しては五原誓師を行い、全軍で中国国民党に加入、国民革命軍（国民政府）に参加している。

**閻錫山**（1883〜1960）中華民国の軍人・政治家。辛亥革命で山西省での蜂起を主導した。中華民国成立後、山西督軍に任じられると、軍政を握る一方で近代化を推進した。1927年、蒋介石と同盟し、国民政府内で重鎮となった。しかし蒋と次第に対立、反蒋戦争の中原大戦で敗北し、一時下野。復帰後中国共産党や日本軍と交渉・対立した。最後は共産党に敗北し、台湾へ逃亡している。

## ③社会主義建設運動は「三反五反」運動から

中国共産党は一九二一年に創立して以来、国共合作から国共内戦まで、多くの革命戦争をくぐりぬけてきた。ロシア革命に代表されるように、プロレタリア政権樹立のためには、内戦は避けられないものだったのだ。

人民共和国が成立した以上、国民党軍は投降や敗走したものの、「三反《さんはん》五反《ごはん》」運動も、共産主義革命後に社会主義社会を建設するために欠かせないもので、資本家や地主を標的とした清算闘争（粛清）が必要だった。しかし、プロレタリアの前衛となる共産党員でさえも、革命が成功し政権が樹立されてしまえば、国造りに必要不可欠な人材ではない。

三反運動とは、党、政府、軍工作員の汚職浪費、官僚主義に反対する綱紀粛正運動である。

五反運動は民族資本家の贈収賄、脱税、国有財の横流し、仕事の手抜きと資材のごまかし、経済情報の盗窃《とうせつ》を糾弾する資本家と地主への大規模な粛清運動であった。

「三反五反」運動は人民共和国の成立後、もっとも典型的な階級闘争であった。運動の目的は、いわゆる「黒五類《こくごるい》」にされた人々に対する粛清だった。

人民共和国の成立後、すべての人々が「人民」になったのではなく、約五～一〇％が「反人民」である。「反人民」は改造されてはじめて「人民」となる資格をもつ。

中国の人口は人民共和国が成立した時代、一九四九年末から五〇年代、さらに文革最中の七〇年代初期まで、約五億から八億人と推定される。もちろん毛沢東の時代はすべて「人民」とみなされるわけではなかった。

よく知られているのは、文革中に頻繁に語られている「紅五類《あかごるい》」と「黒五類」に細分類されるのが有名だ。

「紅五類」とは労働者、農民、解放軍兵士、革命幹部、革命烈士（革命犠牲者）の子女のことである。これらの子女は紅衛兵への参加資格をもつ階級であった。彼らは生まれながらにして「紅（赤）」なので、「自来紅《じらい》」と呼ばれ、学んでから赤くなる「学習（自覚）紅」とは区別された。

「黒五類」とは地主、富農、反革命分子、悪質分子、右派分子のことである。文革中、「黒五類」にさらに「資産階級」「黒幇分子《こくばん》」（走資《そうし》派や失脚幹部）を加え、「黒七類」と呼ばれた。

三反も五反も、いずれも中華文化としては数千年にもわたる悪習の追放である。社会主義社会を建設するには必要不可欠であるだけでなく、歴代王朝の初期にも「功臣の粛清」や改革維新のたびに繰り返してきた綱紀粛正運動でもある。だが、三反、五反運動の背後には別の意図がある。この運動で粛清された資本家と地主は一〇〇〇万から一五〇〇万人ともいわれる。これら階級の敵を粛清するために、国共内戦後にすぐ朝鮮戦争へ国民党軍の投降兵士を前線に送り、アメリカ帝国主義との対決という非常事態下で、民衆のエネルギーを結集し、党の独裁支配と社会主義社会を建設するためにこの運動が利用されたのである。

## ④人民中国の「人民」は今は昔？

そもそも「民」の字源は「眼」をつぶされた奴隷《どれい》からくるもので、「眠」と同音である。その後に出てきたのが「国人」である。国家の存亡と関係なく、天地、大地とともに生息するのが民で、「生民」「天民」と称される。

辛亥革命後の中華民国は多政府間の戦争にあけくれていたため、国民党が一九二〇年代に擡《たい》頭《とう》しはじめても、「国民」は生まれなかった。

戦前の日本は「国民」を誇りとし「非国民」といわれることは「仲間はずれ」の響きが強く、

恥であった。戦後になってから「国民」は「反動的」とされ、「市民」が愛用されるようになったが、では「農民」まで「市民」と称していいのか疑問を感じる。

中華人民共和国政権が樹立し、「世界革命、人類解放」さらに「国家死滅」を目指す中、「国民」はタブー語となり「人民」が取って代わった。だが、「人民中国」と略称されるこの国で、誰もが「人民」となる資格をもつわけではなかった。少なくとも五〜一〇％前後の者は「反人民」や「非人民」とみなされていた。後には「黒五類」や「黒七類」と称され、改造されなければ「人民」にはなれない人々がいた。

農民と都市部住民も厳しく分けられた。改革開放前には農村戸籍と城市《じょうし》（都市）戸籍とに二分され、移動を禁止、あるいは制限されている。だが、貧しい農村から都市部に流入する農民は後を絶たず、彼らは都市部で戸籍を隠して肉体労働者として働き、「民工《みんこう》」（農民工の略称）と呼ばれる。改革開放後に緩められたものの、推定約二億人前後の「民工」の法的地位が完全に解決されたものではない。

中国の民主活動家が「人民」と呼ばれるのを嫌がるかどうかは不明だが、「私は中国公民だ」と自称する人は少なくない。改革開放前の中国では「人民」であることは誇りだった。貧しくても「人民」の資格をもつだけで、革命闘争の嵐の中で、「階級の敵」や「黒五類」に比べ迫害に遭う危険性が低く、安全で安心だという実利もあった。

毛沢東の時代には「八億の民」といっても、決して「八億の人民」とは言わなかった。一九四二年五月、毛は「延安《えんあん》文芸座談会での講話」の中で、人民について次のように定義している。「人口九〇％以上の人民は労働者、農民、兵士および都市に住む小ブルジョアジー階級である」また、一九四九年六月、「人民民主専制を論ず」の中で、「中国の現段階においては労働者階級、都市の資産階級を『人民』とする」として人民の範囲を拡大したものの、「労働者階級と共産党の指導下に」という前提をおいた。さらに文革中の一九六七年七月二六日の「解放軍報」では「人民と人民の敵を分けるのには、毛沢東思想を擁護するか反対するかによって決める」とした。

毛沢東からすれば、人口の約五～一〇％の階級の敵とは「細菌か微生物」だから、これらを「取り除かなければ」大量繁殖するので、「人民の敵」を絶えず粛清しなければならないという論理だった。

## ⑤言論統制国家を揺るがした「争鳴運動」

中国史を見るかぎり、秦始皇帝の焚書坑儒《ふんしょこうじゅ》、漢の武帝の儒家独尊《じゅかどくそん》、後漢の師承《ししょう》、隋以後の科挙《かきょ》、さらに歴代王朝の文字獄を加え、中国は中華帝国誕生以来、言論統制を敷いてきた。歴代王朝の陸禁《りくきん》と海禁《かいきん》、毛沢東時代の自力更生と竹のカーテンの国策を見ると、中国史は時代とともにますます完全密閉国家へと傾向を強めつつある。

もちろん決して有史以来、完全密封化の一途ばかりたどってきたわけではない。先秦時代といわれる秦帝国以前の春秋戦国時代には、ことに戦国時代の列強競争下で、一時「百花斉放《ひゃっかせいほう》、百家争鳴《ひゃっかそうめい》」といわれる言論、思想の自由がある黄金期もあった。

「三反五反」運動後に毛沢東が試みた言論開放の運動が「百家争鳴、百花斉放」、略称「鳴放《めいほう》」運動であった。この鳴放運動の背後には内外情勢の変化があった。

スターリン批判を受けて毛沢東も共産党の欠陥への批判について謙虚に耳を傾けた背景がある。

毛沢東は一九五七年の最高国務会議で「人民内部の矛盾を正しく処理する問題について」と題する演説を行った。その内容を要約すれば次のとおりである。

〈社会主義社会も矛盾に満ちており、矛盾を暴露し解決する中で、前進することができる。矛盾には敵と我との矛盾と人民内部の矛盾という二種類の矛盾があり、それぞれに異なった方針と方法で解決すべきである。

もし処理が適切なら、敵対矛盾も非対抗矛盾となり、敵対階級の大部分もみずから働いて生活する新しい人間となれる。不適切なら、人民内部の矛盾も激化して敵対矛盾となる。革命期の暴風雨のような大衆的階級闘争は基本的には終わったが、まだ完全ではなく、今後の主要な任務は、人民内部の矛盾を正しく処理することである。〉

つまり、社会の空気に多少なりとも余裕が出てきたために、過去の失敗を共産党政府自身が認め、それについて言及したということだ。中国史上じつに稀《まれ》なことである。

もう一つ、一九五七年、第一次五カ年計画が終わった年にも同様の見解が示された。中国民衆の生活がかなり改善されたことを受けて、社会的状況が良好になったことを認識し、社会の雰囲気が多少自由になったことから起こった現象であった。鳴放運動は毛沢東率いる中国共産党が社会主義の建設に自信をつけて過信となり、言論の自由を許したのである。この過信が毛沢東の誤算だった。

国家建設過程から排除されていた民主諸党派は、当然ながら共産党のやり方が強引で独裁的であるとして批判をはじめた。そのスローガンどおり、共産党批判が噴出したのである。

**焚書坑儒**　秦の始皇帝が行った思想弾圧。BC213年、医薬・卜筮・農事関係以外の書物を焼きすてさせ、翌年、批判的な言論をなす儒教学者数百人を咸陽で坑（あな）埋めにして殺したと伝えられる。

**儒家独尊**　BC136年、武帝が董仲舒の献策を聞き入れて五経博士を置いた。儒家の経書が国家の公認のもとに教授され、儒教が官学化した。同時に儒家官僚の進出も徐々に進み、前漢末になると儒者が多く重臣の地位を占めるようになり、丞相など儒者が独占する状態になる。

## ⑥狂気の引き金となった反右派闘争

毛沢東はみずから政府批判を奨励しておきながら、あまりに強烈な批判の噴出に耐えきれなくなり、このままでは社会主義体制を揺るがしかねないという危機感さえ抱くようになった。

これは明らかに毛沢東の過信から生まれた誤算だった。そして社会主義政権を防衛するためには、「共産党への批判は共産党を覆そうとする右派の策動である」という戦略的方針に転換し、一度自由にさせた言論をふたたび統制するしかなかった。「反右派闘争」へ変わったのである。こうして、政府批判を自由にしていた人々は、突然粛清される運命となったのである。

一九五七年七月一日の「人民日報」社説は、これまで「大鳴大放」した民主党派、文学者、芸術家、学生の反党言論を「毒草」と決めつけた。鳴放運動そのものがじつは「毒草をしばらくの間はびこらせ、人民に見せ、人民に『なるほどこの世の中にはこんな意見もある』ということを十分知らせ、これを排除するための措置であったのが目的だった」と公にした。

その目的はもろもろの妖怪変化や牛鬼蛇神《ぎゅうきじゃしん》に「大鳴大放《たいめいたいほう》」させて、毒草を高くのばしておいて、人民をびっくりさせるためであると主張する。「ある人はこれを陰謀だというが、これは陽謀だ」と毛沢東は開き直った。なぜなら毛沢東に言わせれば、前もって敵に告げておいたからだ。牛鬼蛇神は、それらをカゴから出してこそ、滅することができる。毒草はそれらを土から生えさせてこそ、除去することができるからである。

反右派闘争の嵐の中で、激越な共産党批判を行った章伯鈞《しょうはくきん》、羅隆基《らりゅうき》、章乃器《しょうだいき》、黄紹竑《こうしょうこう》、陳銘枢《ちんめいすう》、費孝通《ひこうつう》、儲安平《ちょあんぺい》、畢鳴岐《ひつめいき》らが次々と自己批判に追い込まれた。七月以後の新聞には、彼らが「人民に頭を垂れて謝罪する」「人民の寛容を請う」「人民に向かって投降する」「党の指導を受けて社会主義の道を進む」と次から次へと前言を取り消し自己批判する文章を発表した。

七月までに約一一三万人の反革命分子が発見され、一〇月には八一万人の党と行政機関の幹部が失脚した。調査が一年間つづけられたのち、三六〇〇件以上もの陰謀が発覚したと報じられた。

党によって進められた全国的な鳴放運動が、じつは党がはじめから仕掛けた「毒草刈り」の「陽謀」であったと誇らしげに公言した。隠れている「人民の敵」にあらかじめ餌《えさ》をまき、警戒心を和らげ、一網打尽《いちもうだじん》をはかった手口であった。鳴放運動は社会主義国家建設を妨げる騒音に止まった。所詮《しょせん》、多様的で個性的な言論はブルジョア的堕落にほかならないからである。

この「百家争鳴、百花斉放」のスローガンが世界に伝わった当初、西欧の知識人は、毛沢東こそ現存する最大の共産主義者として、非スターリン化運動の代表者として称賛された。もしそのまま言論の自由が「陽謀」に変わらず、社会主義が「言論の自由」に耐えたなら、世界の

**章伯鈞**（1896～1969）中華人民共和国の政治家。1923年共産党入党。1926年北伐に参加、南昌蜂起に参加し失敗後離党。1933年福州の中華共和国人民革命政府に参加，1939年重慶で黄炎培・張瀾らとともに統一建国同志会を結成。建国後、交通部長。1957年反右派党争で失脚。

**羅隆基**（1898～1965）中華人民共和国の政治家。江西省安福出身。1953年中国民主同盟副主席。反右派闘争で批判される。

**章乃器**（1897～1977）中華民国・中華人民共和国の政治家・ジャーナリスト・銀行家・経済学者。蒋介石を批判した文化人として著名。後の「七君子事件」で逮捕された人物の1人。中華人民共和国でも政治家として活動したが、反右派運動や文化大革命で迫害される。

**黄紹竑**（1895～1966）中華人民共和国の軍人・政治家。元は国民政府の軍人で、李宗仁・白崇禧とともに新広西派の指導者の1人。人民共和国で全国人民代表大会常務委員などを務めるも反右派分子のレッテルをはられ、自殺。

**陳銘枢**（1889～1965）中華人民共和国の軍人・政治家。元は国民政府の軍人で、広東軍の指揮官。人民共和国に参加後、全国人民代表大会常務委員、全国政治協商会議委員などを歴任。しかし、1957年「右派分子」と認定されてしまった。

**費孝通**（1910～2005）中華民国、中華人民共和国の社会学者、人類学者、民族学者、社会活動家。中国の社会学と人類学の基礎を創った。第7、8回全国人民代表大会常務委員会副委員長などを務めた。

**儲安平**（1909～1966？）中華人民共和国の学者、評論家。1936年ロンドン大学でラスキに師事。1957年、編集長を務める雑誌『光明日報』に「向毛主席、周総理提些意見」を発表し、失脚。

## ⑦全人民を熱狂させた大躍進の幻想

大躍進運動は人民共和国史の中でもっともドラマチックな悲喜劇であった。バブル以上に人々は幻想に憑《と》りつかれた。

大躍進とは一九五八～六一年、毛沢東の提唱で展開された大衆運動による経済建設運動をいう。一九五七年秋、河南《かなん》省では水利建設、植林、肥料づくりが活発化し、農村労働力の八割が投入された。この建設運動は都市、工業、社会制度、党の路線にまで影響を与えた。

毛沢東ら中国共産党代表団は一九五七年一一月、モスクワで開かれた世界共産党会議に出席した。そこで彼らは、資本主義から社会主義への平和移行の問題やアメリカ帝国主義に対する評価、これとの平和共存と民族解放闘争の関係などの問題をめぐって、ソ連共産党と対立した。

毛沢東は平和移行の可能性だけを強調することに反対し、「東風は西風を圧倒する」「アメリカ帝国主義は張子《はりこ》の虎にすぎない」として、核による脅しを恐れるなと述べた。

この会議では中ソ両党の見解を併記することで双方妥協にいたったが、以後は両国関係に明らかな亀裂が生じてしまった。毛沢東はこの会議の際に、一五年後には中国は主要な工業生産でイギリスに追いつき追い越すことを目標とすることを提起した。

そして帰国後、毛沢東はさらに大衆的な技術革命、地方工業の建設、大規模な水利建設などによる工・農業の大躍進を呼びかけた。

また、婦人の家庭からの解放、社会的労働への参加も唱えられ、農村ではほとんどの婦人が社会的労働に参加した。大躍進運動は、それまでのソ連型社会主義の諸政策が重工業優先でエリート集団を中核としたのに対し、あえて大衆路線を行ったことにも特徴がある。

大躍進は夢のようなすばらしい社会をつくるための社会建設運動だと信じていたのは毛沢東だけではなく、中国全民衆も同様だった。新国家の社会主義建設運動は、全人民総動員でスローガンを叫び、社会全体が熱狂した。民衆の建国熱は、物質的な経済繁栄だけではなく、社会における満足度や未来への希望で満ちあふれていた。勢いに乗った五〇年代の中国の民衆は、本気で「東風は西風を圧倒する」という毛沢東のスローガンを信じ、自信をもっていた。

だが、この運動は現実から遊離していたので大衆も我慢の限界を超え、自然災害やソ連の援助引き上げなどの要因も重なって失敗に終わった。

## ⑧奇跡を捏造した中華の夢と幻想

大躍進時代は中国人が自信に満ちあふれ、有史以来もっとも幻想にとりつかれた時代であった。民衆から毛沢東にいたるまで奇跡が起こると本気で信じて疑わなかった時代でもあった。

五八年二月、大躍進の最中に開かれた「全国人民代表大会」では、工業生産一〇%、農業生産六%増という国民経済計画を採択したほどである。

五八年六月二二日、毛沢東が鉄鋼生産を二倍にしようと気炎をあげると、部下の冶金《やきん》部部長の王鶴寿《おうかくじゅ》は、翌年の鉄鋼生産高は三倍の三〇〇〇万トン、四年後は八〇〇〇万～九〇〇〇万トンを達成するという報告書を提出する有り様だった。しかし現実には、全国の年間鉄鋼生産高は四五〇〇万トンがやっとの状態だったのである。

過熱する全国「大煉鋼鉄《だいれんこうてつ》運動」では、一〇万人、一〇〇万人単位の民衆が動員され、常識では考えられない数字が次々と登場した。新華社によれば、河南省は六七〇万人の出陣により一日で一〇五万トンの銑鉄《せんてつ》と、二万一〇〇〇トンの鉄鋼を生産したという（五八年一〇月二九日）。

その翌日は、また奇跡が起こり、一日で一三三万トンの銑鉄と、一〇万三〇〇〇トンの鉄鋼を生産。この調子でいけば、目標の一〇〇〇万トンは、一〇〇日あまりで達成してしまうだろうと説いた。当時は、民衆の気勢を煽《あお》るために、このようなウソだらけのニュースを平然と流していたのだ。そして、民衆はそれを本気で信じていた。

もっとも信じられないのは、「広西《カンシー》チワン族自治区鹿寨《しかさい》県は、一日二〇万トンの鉄鋼を生産した」という報道だ。この数字は、国家が同自治区に割り当てた年間生産目標を軽く上回るものである。つまり、一年分以上の任務を一日で達成したというのだから、バカバカしいにもほどがある。

　これは、各省、県、公社の党幹部がでっちあげた大ウソであり、記者も荒唐《こうとう》無稽《むけい》な話をそのまま垂れ流していただけだった。数千万人（直接参加したのは九〇〇〇万人）を動員し、山に分け入って鉄鉱石を採掘した「大煉鋼鉄運動」の結果、中国が手に入れたのは使えない鉄クズのみであった。

『人民日報』（五八年八月三日付）では、次のような滑稽《こっけい》なニュースを流している。安徽《あんき》省舒《じょ》城《じょう》県の千人橋農業公社が派遣した「槐樹」「中心」「旗杵」という三つの生産隊は、南特種早稲実験田において畝《うね》（六・七アール）あたり五トン以上の稲の収穫をあげた。同日、湖北《こほく》省孝感《こうかん》県でも畝あたり五トン、朝陽《ちょうよう》県黄丈《きじょう》第五公社は、一・六畝あたり一〇トン七二七・七五キログラムの収穫をあげた。さらに、湖北省麻城《まじろ》県建国第一公社は、畝あたり一八トンもの高生産をあげた――と報じている。

　実際には、数千年来、中国の畝あたり稲の平均収穫量は五〇キログラム程度だった。いくらウソでも、畝あたり三〇〇キログラム以上の収穫となると、農村視察に来た毛沢東もさすがに「多いな」と感じたという。

　五八年九月二六日付の「人民日報」には、もっと滑稽なニュースがある。中央政治局員、国務副総理兼外務大臣の陳毅《ちんき》は、「シアヌーク殿下に随行して、広州と広東省番禺《ばんぐう》県で、畝あたりサツマイモ五〇〇〇トン、サトウキビ三〇〇〇トン、水稲二五トンの収穫をあげた実験田を見学した」と報じたのだ。五〇〇〇トンだの三〇〇〇トンだのと、よくこれだけ大それたウソが言えるものだ。

ところが、今から考えればデタラメとしか思えない大ウソの報道を、中国人民ばかりか日本の一部マスコミや知識人までもが信じ込んで、日本では「大躍進」礼賛ブームが起こった。彼らは「中国の食糧生産は、毎年五％の成長を果たしている。このままいけば、二〇〇一年の年間総生産は、一一億トンとなる。たとえ生産率が三％に下がっても、五億九〇〇〇万トンである」とし、中国は食糧生産・輸出大国となるだろうと公言して憚《はばか》らなかった。

しかし、農業は工業と違って気象の変化に大きく影響を受ける。気候の変化が比較的少ないと言われる日本でさえ、豊作と凶作を繰り返しているというのに、自然災害の多い中国が安定生産できるわけがない。

それどころか、経済史的に見て、三〇年や五〇年もの長期にわたって年率三～五％の農業成長を維持するなどということは、どの国であろうと「奇跡」が起こっても不可能なことなのである。一％の長期安定成長でも奇跡的だ。

皮肉にも、日本で中国が世界で有数の食糧大国となるだろうと予想されていたころ、当の中国では大躍進運動が失敗に終わり、数千万もの餓死者を出していたのだ。

その餓死者数だが、二七〇〇万人（『長征』ソールズベリー）とも、三〇〇〇万人（「中国変化中の人口」バニスター）とも言われている。イギリス人記者ベッカーの著書『餓鬼』によれば「大煉鋼鉄運動」で九〇〇〇万人もが投入されたために農業が荒廃。それを隠蔽《いんぺい》するために食糧生産の虚報が流されたという。

そしてウソも限界に達し、食糧不足が発生したとき、中央政府は右派の中傷であり虚言だとして、飢餓状態の農民が流民化するのを武力で抑止した。ベッカーが算出した統計では、このときの餓死者は二一四〇万人である。

餓死者の数については、さまざまな推測がなされており、フランス学者クルトワらの『共産主義黒書』では二〇〇〇万～四三〇〇万人。月刊『社会』（九三年四・五月合併号）では、四三一九万人となっている。

中華人民共和国政府の統治下で、虐殺あるいは餓死した者の数については、次のような各説がある。後に禁書となった『中国「左」禍』（北京朝華出版社）では、約五〇〇〇万人。ニューヨーク大学リマルク研究所主任トニー・ジャットが『ニューヨークタイムズ』（九七年一二月二二日付）で発表した論文、「The Longest Road to Hell」では六五〇〇万人。『ワシントンポスト』駐北京記者が、九四年七月一七日から連載した「毛沢東時代の大衆死亡」では、八〇

○○万人と推定されている。
しかし、つい最近まで日本の中国専門家やジャーナリストたちは、なおも中国は「蚊もハエもネズミもスズメもいない清潔な国で、泥棒なんてもってのほか。人類にとっては、天国にもっとも近い地上の楽園である」などと謳《うた》っていたのだから驚きだ。

**陳毅**（1901〜1972）中華人民共和国の軍人、政治家、外交官。中華人民共和国人民解放軍元帥。国務院副総理、外交部長などを務めた。文革で自己批判を強いられ、職務停止となった。日本との国交正常化に尽力した。

## ⑨日本の進歩的文化人にとってのエデンの園　人民公社

かつて戦後日本の進歩的文化人にとって「人民公社《じんみんこうしゃ》」という言葉は「エデンの園」と同じ響きがあり、人類最後の夢の楽園として憧れの対象だった。フランス大革命後に現れたパリ・コミューンは、すぐ幻として消えてしまった。ソ連さえ実現できなかった夢がとうとう中国で実現したのだと絶賛し、憧れていた。だが、台湾で反共教育で育てられた人間にとってはイメージはまったく逆で、収容所だった。
人民公社とは、大躍進の最中につくられた生産組織と行政組織が合体した地区組織の単位のことである。各地区に支部が設けられ、その地区の政治、経済、文化、軍事を包含した機能を果たしていたが、大躍進が失敗に終わったことで、人民公社の活動も尻すぼみとなった。

その原型はフランスの革命自治政府パリ・コミューンのほか、原始共産社会や共同体に求められるものであり、この地上に人類最大のユートピアである「桃源郷」をつくりあげようとしたのだった。

一九五八年、農村ではダム建設を中心とする大規模な水利建設運動と、試験田における技術改良運動がすすめられた。一億人の農民が参加したこの水利建設運動の中で、多くの労働者と資金、資材を集中的かつ効果的に使用するためには、合作社（協同組合）を合併して大規模化したほうが有利だとする着想が生まれ、河南省のいくつかの県を筆頭に合併運動が起こった。

六、七月には水利建設の発展による灌漑《かんがい》面積の急増や人力、物力を極度に集中することによって得られた試験田の成果を過信して、小麦などの増産が報告された。反右派闘争と毛沢東の「反盲進論《はんもうしんろん》」批判以来強まった慎重論を「右派的保守主義」として恐れる風潮と、農村幹部の「上を向いて歩こう」権威主義、出世主義とが相乗されて、彼らは競い合って誇大な増産成果を報告した。そんな中、河南省の一地方で設立されたのが「人民公社」である。ここでは土地や農民は公社の共有として統一的に集中使用し、社員は公社全体の収穫の中から提供される公共食堂でタダで食事ができるというものであった。だから「吃大鍋飯」という、日本語の「親方日の丸」と同じような意味の言葉まで生まれたのだ。

同年八月、毛沢東は河南省の新郷七里《しんきょうしちり》営人民公社を視察して激賞してから、またたくまに全国に公社が拡大していった。そして全農家の九九％に当たる一億二〇〇〇万余戸が否応なしに加入させられた。

公社の下に、一ないし数個の高級合作社を団体として置き、さらに生産大隊、その下に生産隊を置いた。公社は単なる経済組織だけでなく、工、商、教育、文化、公安、軍事、福祉などの公共事業としての行政組織であり、社員代表大会は地方議会の機能をもっていた。

## ⑩動乱の一〇年となった文革の大誤算

文革は一九六六年からはじまり、約一〇年の長きにわたってつづいた。しかし、文革の開始時期については諸説あり、文革派や実権派などの立場によっても捉え方が違う。毛沢東の側近で、若き文芸評論家であった姚文元《ようぶんげん》（後に上海市の党委員会第二書記）は、「新編歴史劇『海瑞罷官《かいずいひかん》』を評す」と題する論文を六五年末に発表し、北京副市長の呉晗《ごかん》らを批判した。それが文革のはじまりだとも言われている。

第一一期六中全会（中国共産党第一一期中央委員会第六回全体会議）で採択された「建国以来の党の若干の歴史問題についての決議」を参考にすると、一九六六年五月の政治局拡大会議、また八月の第八期一一中全会が、文革開始の狼煙《のろし》となったと言える。

この際に採択された「五・一六通知」によって、当時の北京市長であった彭真《ほうしん》ら五人が反党集団として摘発された。また、「プロレタリア文化大革命についての決定（一六カ条）」も採択され、劉少奇《りゅうしょうき》や鄧小平への批判が始まった。

つづいて、毛沢東の紅衛兵《こうえいへい》への接見が行われた。天安門には全国から一〇〇万の紅衛兵が集まり、このときから紅衛兵運動が活発となった。また、党中央の指導機構が改組され、江青《こうせい》らによる中央文革小組を発足し、政治局に代わって権力を握るようになったのも六六年のことだ。

**劉少奇（1898～1969）** 中華人民共和国の政治家。凱豊や胡服などといった別名も使用した。第2代中華人民共和国主席などを務め、中国共産党での序列は毛沢東につぐ第2位であったが、文化大革命の中で失脚、自宅監禁状態で非業の死を遂げた。80年になって名誉を回復し、その死も公表された。

六七年になると、文革はすでに毛沢東個人崇拝のムードとなっていた。しかし、上海で造反派（文革派）が上海市党委員会や人民政府の権力を奪う「一月革命」が起こった際、ついに実権派も反発に出た。

上海市長の陳毅《ちんき》を含む政治局委員および軍事委員会委員たちは、中央文革小組を堂々と批判したのである。だが毛沢東は、これを封じ込めることに成功し、その後は地方にまで文革の嵐が吹き荒れた。

文革はどのようなイデオロギーのもとに実行に移されたのか。文革を語る際にキーワードとなるいくつかの用語を、ここで確認しておきたい。まず「修正主義批判」である。もともとはマルクス主義を修正し、議会を通じての改良政策によって社会主義を実現すると主張する人々を標的とし、後にマルクス主義右派を批判する用語として用いられるようになった。

文革の際は、資本主義と並ぶ反国家分子としての意味合いも含んでおり、そうした人々を打倒しようというのが、「修正主義批判」である。次に「実権派批判」。文革で打倒された実権派とは、党や国家組織の指導幹部が主であり、社会主義事業の中核勢力であった。彼らは国家への裏切り、敵の回し者などといった汚名を着せられ粛清された。

つまり、ある程度権力をもっている政治家や知識分子を、とにかくまとめて葬《ほうむ》り去ろうというのが実態であった。じっさい、このときにさまざまな汚名を着せられ粛清された実力者たちは、無実の

**江青（1913〜1991）**毛沢東の4番目の夫人で政治指導者、女優。文化大革命を主導し「紅色女皇」と呼ばれた。さらに鄧小平を再度失脚に追い込み、周恩来の追い落としも図ろうとした。しかし76年の毛沢東の死の直後に、「四人組」の1人として逮捕された。91年に獄中で首吊り自殺。

人々のほうが多かった。

ことに毛沢東が目の敵にしたのが、みずから推進し失敗した「大躍進」で疲弊しきった中国経済を立て直そうと経済調整を行っていた劉少奇や鄧小平らであった。彼らは資本主義的手法を導入して中国を飢饉《ききん》から救ったのだが、それと同時に個人経済が優先されることによって汚職や特権行為も蔓延《まんえん》しはじめた。

当然ながら、社会主義計画経済を理想とする毛沢東は、これを強烈に非難し、その首謀者である鄧小平らに再三警告を発してきた。しかし、彼らは毛沢東の言うことに耳を貸すふりをするだけで、経済調整をやめようとはしなかった。警告に従えば、中国がふたたび飢饉に陥るのが目に見えていたからである。

しかし、しびれを切らした毛沢東は、「資本主義の走狗《そうく》である実権派を打倒せよ」として、文革を開始したのである。毛は革命の主力、または自分の手足になる人材として、無垢《むく》で情熱に燃えた学生たちを利用した。彼らは紅衛兵《こうえいへい》を組織して毛沢東を崇拝し、その指示を忠実に行動に移そうとした。

それに応えるため、毛沢東は八回にわたり天安門の楼上から紅衛兵接見を行っている。無賃で天安門参りをした紅衛兵は、故郷に帰るとすぐに「造反有理《ぞうはんゆうり》」のスローガンのもと各地方の党委員会をかき乱した。

彼らは社会主義の理想、文化大革命の理念を疑うことなく、現実にある中国社会の負の部分を正面から厳しく批判した。六六年八月には、紅衛兵が北京で旧文化、旧思想、旧風俗、旧習慣の打倒（破四旧《はしきゅう》）を叫び、暴れまくった。

文革のスローガンとして有名なのは、「造反有理」「革命無罪」「奪権闘争」などだろう。とにかく「闘争、批判、改革」を叫んでいれば革命派として認められたのである。二〇〇五年反日デモの「愛国無罪」と同様だ。スローガンの連呼は、自分が革命側にいることを示し、身の安全を護るための手段でしかない。

紅衛兵はそれぞれ所属部隊に分かれ、北京各地で暴れたため、北京市内はまたたく間に混乱の極みに達した。女性はスカートやチャイナドレスを着ているだけで批判の対象となり、洋服をハサミで切り裂かれたり、髪を剃《そ》られたりした。反革命修正分子の汚名を着せられた者には、胸にプラカードを提げさせ、頭に三角帽をかぶせて街頭を引き回し、大勢の市民に罵詈雑言《ばりぞうごん》を浴びさせた。当時の北京市長で政治局委員であった彭真《ほうしん》の引き回し姿の写真は、国外の新聞に流出し、中国は世界に醜態をさらした。

ところが一年ほど経つと、文革路線も雲行きが怪しくなる。

江青率いる四人組による中央文革小組が、まさに党内の指導権を確実にしつつあった一九六七年七月、文革に熱狂していた造反派（文革派）に大きな打撃を与える「武漢《ぶかん》事件」が勃発《ぼっぱつ》した。武漢の造反派支援のために送り込まれた文革派の謝富治《しゃふち》と王力《おうりき》が、逆に実権派を擁護する団体「百万雄師《ひゃくまんゆうし》」によって監禁されたのだ。武漢軍区の司令官であった陳再道《ちんさいどう》もこれを支持した。

焦ったのは毛沢東や江青ら文革派である。このとき毛沢東も宿舎にしていた建物を百万雄師に包囲され、監禁状態に陥った。後に周恩来《しゅうおんらい》の調停によって事無きを得ることができた毛沢東は、このとき立ち上がった反革命勢力を根こそぎ処分する。事後の弾圧により一八万四〇〇〇人が死傷したと言われるほど、大規模な反乱だったのである。

この事件は、反文革勢力の存在を毛沢東に実感させ、危機感を抱かせた。そのため毛沢東は、「偉大な戦略配置」と題される文革構想をまとめ、造反各派の大連合を呼びかけたのだった。

毛沢東を崇拝する紅衛兵にもほころびが見えはじめた。紅衛兵内部に派閥ができ、組織が分裂しはじめたのだ。ことに実権派の子弟から成る組織は、

**周恩来（1898〜1976）** 中華人民共和国の政治家。建国以来、死去するまで一貫して政務院総理・国務院総理（首相）を務めた。毛沢東の信任を繋ぎとめ、文化大革命中も失脚しなかったことなどから「不倒翁」（起き上がり小法師）の異名がある。1972年に田中角栄首相と日中共同声明に調印したことでも知られている。

中央の実権派を擁護するようになった。すると毛沢東は、それまで革命の手足として操っていた紅衛兵が思いどおりに動かなくなったと見るや、利用価値なしとさっさと見切りをつけ、「下放《かほう》」という名目で辺境に追いやった。

「下放」運動とは、大学を卒業した若者や上級幹部を農村や辺境の地に送り、農業や勤労に従事させることである。「知識分子が貧農下層の再教育を受けることは重要である」ともっともらしい御託《ごたく》を並べ、まんまと紅衛兵運動を終わらせ下放運動を開始したのだ。

毛沢東は大衆を主人公に仕立てようとして、実権派批判などを行ったが、実際には党の組織からも大衆からも離脱した運動になっていた。文革がはじまると、党の機能は完全にマヒし、膨大な数の党員の統率は瓦解《がかい》した。そして、中国社会はあっという間に無秩序、無差別、無分別という混沌《こんとん》に叩き込まれたのである。

文化大革命は、はっきり言って革命でも社会的改革でも何でもない。ただ単に、恵まれない人々が日ごろのうっぷんを晴らすために実権派を糾弾《きゅうだん》しただけである。

どの国家にも直視しがたい暗部は存在するが、こうした問題は憲法や法律に基づいて解決するのが法治「国家」のあるべき姿である。間違っても文革のような手段は取るべきではないのだ。実際、「文化大革命は指導者が誤って発動し、反革命集団に利用され、党と国家、各民族人民に重大な災難をもたらした内乱であった」との見方が一般的である。

一九七六年に没するまで、毛沢東が権力を振るった時代の「負の遺産」に、後代の国家指導者たちも長く苦しめられるのである。

**姚文元**（1931〜2005）中華人民共和国の政治家、四人組の1人。党上海市委員会第二書記・党政治局委員を歴任し、文化大革命をイデオロギー面から支えた。1976年に逮捕されて最高人民法院特別法廷で、懲役20年・政治権利剝奪5年の判決を受ける。96年に出所し、2005年死去。

**呉晗**（1909〜1969）中華人民共和国の政治家、歴史家。北京大学人文科学部長、北京市副市長を務める。1961年、戯曲「海瑞罷官」を発表するも、1965年に姚文元によって批判される。これをきっかけに北京市副市長を解任され文化大革命の端緒となった。迫害を受け投獄、獄中で死去する。

**彭真**（1902〜1997）中華人民共和国の政治家。第4代全国人民代表大会常務委員会委員長などを務めた。第7期、第8期、第11期、第12期中央政治局委員。文革では初期の段階で批判を受けて失脚したが、のちに名誉を回復され、1979年に政界復帰。

**謝富治**（1909〜1972）中華人民共和国の軍人。中国人民解放軍上将。公安部部長、国務院副総理等を歴任。文化大革命中、林彪、江青等に加担し、死後、党から除籍された。

## ⑪連続革命の渦中で神となった毛沢東

人民共和国が成立後、粛清の弁証法的法則にしたがって毛沢東の反対派、抵抗派とされているライバルや政敵が次から次へと消されていった。

毛の逆鱗《げきりん》にふれたのは国家主席の劉少奇《りゅうしょうき》、党総書記の鄧小平《とうしょうへい》をかしらとする「走資派」である。その奪権闘争の体現は、いわゆる「プロレタリア文化大革命」のかたちとして進められた。

劉、鄧はいずれも党内のきれもので、まして党創立の初期からすでに毛の側近として、毛からじきじきに奪権闘争の奥義を学び、毛の手の内を知りつくしているので、かつての彭徳懐《ほうとくかい》のごとく正面きって毛沢東に挑戦状をたたきつけるようなヘマなことはしない。彼らはきわめて巧妙に毛をまつりあげ、名を立てて、実をとった。彼らはみずから膨大な党組織と政治組織を牛耳るという強みに支えられながら、五六年来の三面紅旗《さんめんこうき》（大躍進、人民公社、総路線）政策に面従腹背《めんじゅうふくはい》で、マイペースの経済調整政策を着実に進め、毛沢東式の急進的中国社会主義を徐々にタナ上げしていく方法で毛路線を骨抜きにしようとはかった。

アンナ・ルイス・ストロング嬢の表現でいけば、劉、鄧派は毛沢東をあたかも仏様のように壇上にまつりあげて、人民が彼を盲目的に崇拝するようにしむけ、その間に国事を我流のやり方で切り盛りしようとした。毛沢東はみずから「彼らは、亡くなった父親の葬式のときにみせるような敬意をもって私をあつかった」と語っていたほどである。

劉少奇は一九四五年の党七全大会で毛沢東を「天才的、創造的なマルクス主義者である」と礼賛《らいさん》した。しかし、モスクワでスターリンに対する個人崇拝が清算され影響をうけた一九五六年九月の八全大会では、毛の絶対権力が制限され、「毛沢東思想」というコトバが新しい党規約から削除され、集団指導制がはじめられたのである。

政治局常務委員会が設立され、これは中央委員会全主席、副主席、総書記によって構成される。あらたに四人の副主席がおかれ、周恩来、朱徳《しゅうとく》、陳雲《ちんうん》、それに劉少奇が選出された。書記処を改組し、毛沢東の書記処主席の職務を取り消し、総書記を新設。鄧小平にそれを担当させた。

だが、奪権闘争の神、毛沢東は劉、鄧派の面従腹背のもくろみを見のがすはずはない。六二年の八月から九月にかけて開かれた中央工作会議（北戴河《ほくたいが》会議）で、毛沢東はまず彭徳懐の名誉回復の策動を葬り、指導権を徐々に手中に収めた。六三年に入ると劉少奇路線を批判しながら、新しい社会主義教育運動が農村から全国的に推し進められた。

一方、毛の腹心林彪《りんぴょう》は、五九年、国防部長になってから、「毛主席の本を読み、毛主席のいうことを聞き、毛主席の指示どおりにことを行い、毛主席のりっぱな戦士になろう」という毛思想の「活学活用」の学習運動を六〇年から進めた。軍区人民解放軍から、さらに全国的規模で毛思想活学活用の大衆運動を推進した。

党中央委員会で、少数派に追いこまれた毛沢東は指導権を奪還するために残る唯一の方法は、劉、鄧によって固められていた党政機構をぶちこわし、新たに党を再建することである。動きだした毛沢東はついに立ちあがり、軍をバックに「造反有理」を叫びながら、外から「紅衛兵」を動員したのである。これが三年半にわたって中国大陸を動顚《どうてん》させ、世を驚かせたプロレタリア文化大革命である。
一九六九年四月、文化大革命の成果を総括して、九全大会が北京で開かれた。四月一四日に採択された「中国共産党規約」には、「林彪同志は一貫して毛沢東思想の偉大な赤旗を高くかかげ、最大な忠誠で、もっとも確固たる信念で、毛沢東同志のプロレタリア階級革命路線を実施し、防衛してきた。林彪同志は毛沢東同志の親密な戦友であり、後継者である」と、党規約の中で後継者を明記した。八全大会の党規約で破棄された「毛沢東思想」の表現も、九全大会でふたたび復活した。

**林彪（1907〜1971）**中華人民共和国の軍人、政治家。中華人民共和国元帥。国務院副総理、国防部長、中国共産党中央委員会副主席、中国共産党中央軍事委員会第一副主席などを歴任。文化大革命で失脚した劉少奇に代わって毛沢東の後継者に指名されるが、林彪事件で失脚。

毛、劉の拮抗《きっこう》で、はじめて漁夫の利を得たのは後目相継人として党規約に明記された林彪である。毛沢東は「文革」という大衆運動の手段を通じ、党をぶちこわしてまで劉、鄧グループを追放しなければならなかった。その道程で彼が利用した決定的な力は軍であった。そのため、軍の勢力が異常に高まり、全国二九の省、市、区で成立した革命委員会の最高幹部に軍人が六〇％以上を占め、九全大会で選出された中央委員、委員候補、政治局委員および候補の中にいずれも四五％を越え、党、政ともに軍人の天下になった。

九全大会の路線は、依然として文革期に成立した臨時の権力機構である革命委員会によって支えられていた。革命大衆、造反幹部、人民解放軍の三つの柱を厳然として崩さなかったので、党、政の再建をめぐって、新しい文革の遺産相継抗争が再開された。

軍の総帥林彪は妻の葉群《ようぐん》および数多くの腹心をつれて政治局に入った。文革遺産の相継問題をめぐって、江青と葉群の女の喧嘩《けんか》が必然的に毛、林の対立と矛盾に発展した。そのため、毛は秘密警察権力および軍内部の派閥抗争の昂進を利用して、林彪、黄永勝《こうえいしょう》グループらの粛清に動員せざるをえなかった。さらに延安持代からの思想的ブレーンであり、毛沢東の分身とみなされている陳伯達《ちんはくたつ》まで斬りすてなければならない悲劇がでてきた。

七〇年八月から九月にかけて、廬山《ろざん》で開かれた九全二中全会で、毛、林二人の公然たる対決が明らかにされた。このとき、陳伯達は毛沢東に劉なき後で空席になったままの国家主席の就任を要請した。結局は毛沢東の固辞を見越しての林彪昇格をねらった秘策であった。戦がすんで、林彪元帥の輝かしい戦果として中華人民共和国の憲法草案の中で「毛沢東主席は全国各民族人民の偉大なる領袖《りょうしゅう》であり、わがプロレタリア独裁国家の元首であり、全国全軍の最高統師である」「林彪副主席は、毛主席の親密な戦友および後継者であり、全国全軍の副統師である」

という文句を「憲法草案」に明記したと伝えている。この後、毛沢東は陳伯達批判を指示したといわれ、以来、陳伯達の姿は二度と公式の場に現れなかった。

九全二中全会後の政局は、いっそう混迷を深め、そのうえ、派閥抗争の激化にともなって、毛、林の対立がはげしくなった。ついに林彪は毛沢東を「現代の秦の始皇帝」となぞらえ、七一年三月、「五七一（武起義工程紀要）」というクーデター計画書を作成し、力の勝負へと訴えたのであろう。

十全大会の周恩来報告で、林彪は「九月八日、反革命武装蜂起を起こして、偉大な指導者毛主席を謀殺し別に中央をつくろうとするところまで突っ走った。陰謀が失敗に終わった後、林彪は九月一三日ひそかに飛行機に乗ってソ連に身を投じ、党を裏切り、国にそむき、モンゴルのウンデルハンで墜死した」と公式に林の失脚を認めたが、林彪事件の真相については今も謎の部分が多い。

「これらの矛盾を反映した党内二つの路線の闘争は長期にわたって存在し、これから先も一〇回、二〇回、三〇回と起こるであろう」と十全大会の周報告に謳われているごとく、林、黄系軍人の粛清は毛沢東路線の決定的勝利を意味しない。批林《ひりん》批孔《ひこう》運動、水滸伝《すいこでん》批判、天安門事件、鄧小平走資派批判、四人組追放と、左右に揺れ動く二大路線の闘争の渦中に、あいつぐ周恩来、朱徳、毛沢東三大巨星の流失によって、毛なき毛路線の抗争はいっそう流動的になるのは誰の目にも明らかであろう。

**彭徳懐**（1898〜1974）中華人民共和国の軍人・政治家。中華人民共和国元帥。国務院副総理兼国防部長、中国共産党中央政治局委員、中央軍事委員会副主席を務めたが、大躍進政策を批判したため失脚。最後はガンに侵されながらも治療を拒否されるなど、紅衛兵らによる虐待の中で死亡した。

**アンナ・ルイス・ストロング**（1885〜1970）アメリカ人ジャーナリスト。アメリカ各地の労働運動にかかわりながら、ストを支持する記事などを書き、警察の弾圧を受ける。著書に『サマルカンドの赤い星』『チベット日記』など。1958年に中国に渡り、文化大革命を支持し、名誉紅衛兵となった。中国滞在中に死去。

**朱徳**（1886〜1976）中華民国・中華人民共和国の政治家、軍人。入党以来、軍事部門を指導し、人民解放軍の「建軍の父」と評される。建国後、元帥の首席に列せられ、国家副主席や全人代委員長などの要職を歴任した。また、全人代常務委員会が国家元首の権能を果たすようになって1976年に死去するまでの間、国家元首格であった。

**陳雲**（1905〜1995）中華人民共和国の政治家。中共八大元老の1人。国務院常務副総理、商業部長、国家基本建設委員会主任を兼務。1956年の第8期1中全会で中央委員会副主席、中央政治局常務委員に選出される。保守派の重鎮として鄧小平と対峙。

**黄永勝**（1910〜1983）中華人民共和国の軍人。人民解放軍の上将。文革中の総参謀長、中央軍事委員会委員。総参謀長在任時、林彪の内意のもと、792件の冤罪をでっち上げ、839人を迫害した。林彪失脚と同時に失脚。

**陳伯達**（1904〜1989）中華人民共和国の政治家。盧山会議で失脚するまで毛沢東の側近。中国共産党内の重要文章起草者および毛沢東思想の最高伝達者であるという立場だった。文化大革命前期において四人組以外の「第五号人物」と見られた。

**批林批孔運動**　1970年代前半、文革のさなかに展開された、林彪と孔子を批判する運動のこと。孔子および孔子が説いた儒教、そして儒教を復活させようとした林彪が激しい批判の矢面に立たされた。これは周恩来を失脚させようとする目論みがあったとされる。

## ⑫毛沢東への造神運動

毛沢東への個人崇拝は延安《えんあん》時代の整風《せいふう》運動によって人工的につくりあげられた。一九四五年の七全大会で党規約の明記によって、いっそう党内で定着化された。毛の神格化の主な手段は非毛沢東化に対する粛清運動と毛沢東化への思想学習運動にたよるところが多かった。

毛の神格化運動は林彪が彭徳懐にかわって国防部長になったあと､軍の内部で進められた「三八作風」「四つの第一」の運動からはじまり、「解放軍に学べ」運動によって全国的に広げられた。本格的に進められたのが文革前の「政治優先」の学習運動である。

一九六五年七月一四日の『解放軍報』の社説に、「政治優先こそ毛沢東思想を優先させることであり、毛沢東思想をもって戦闘員の全員の思想を武装し、指揮し、すべての工作の中で毛沢東思想を優先させることである」と主張した。

六五年の年末から、次のような狂信的表現が次から次へと『人民日報』に躍り出てくる。毛に対する崇拝をあおり、人々の本能、感性、言動に訴えて、人民の熱狂を促した。

「人民の任務は、毛主席の書物を読み、毛主席の言葉を聞き、毛主席の指示どおりに事をなし、毛主席のよい兵士になることである」

「偉大な指導者毛沢東は七億中国人民の心の太陽であるとともに、全世界の革命人民の心の太陽でもある。毛沢東思想は中国革命の百科全書であるどころか、世界革命の百科全書でもある」

「毛沢東思想は世界人民の革命の灯台であり、心の赤い太陽である」

赤い太陽を讃える賛美歌は中国全土から「東方紅」（人工衛星）を通じて宇宙までこだまするようになった。競技場で勝つのも、核実験の成功もすべて毛沢東の矛盾論や実践論を学習したせいであるとされた。毛思想は精神病患者、聾唖《ろうあ》者ばかりでなく盲人が毛主席の肖像を見ると不思議にも目が見えるようになったと農村から医療隊がその神通力を伝えてきた。

　毛沢東思想学習班は人民公社の生産隊から各家庭にまで送り込まれた。林彪は「毛主席の言葉はその一句一句が真理であり、一句が一万句にも匹敵する」、「中国人民が毛沢東思想を把握すれば、中国は興り、無敵となる。世界各国の人民が毛沢東思想という生命力にあふれたマルクス、レーニン主義を把握すれば、解放をかちとることができ、帝国主義、修正主義、すべての反動派を完全に葬り去る

**毛主席語録**　最高指導者となった毛沢東の著作などから引用、編集された語録である。日本では一般に「毛沢東語録」、「毛語録」として知られる。林彪が1964年に人民解放軍向けに編集を命じて刊行されたものであったが、文革が発動された66年に一般向けの出版が開始された。まもなく紅衛兵が常に携帯するようになり、紅衛兵の集会で振りかざされるシーンは文革を象徴する光景となった。

ことができ、全世界にわたって一歩ずつ、共産主義を実現することができる」とまで公言したのである。

一九六六年三月一九日付の『人民日報』で林彪は、毛著作の活学活用について、こう述べている。

「わが国は偉大なプロレタリア独裁の社会主義国家で、七億の人口を擁しており、統一された思想、革命的な思想、正しい思想が必要である。それはほかでもなく毛沢東思想である」

毛思想は、毛沢東個人の思想ではなく、永遠に中国人民の前進の道を照らす国家の思想であるとされた。

毛沢東思想は、七全、九全、十全大会で三回にわたって党規約に明記された。それどころか、「憲法」草案第二六条に「公民の基本的な権利と義務は、偉大な領袖毛主席を擁護し」とまで規定されている。文革中、毛の神格化が高まるにつれて、毛著作以外の書はすべて町から消え去った。

かくして、『毛主席語録』は中国人民必読の聖典となった。六七年だけでも、『毛主席語録』は三億五〇〇〇万部、『毛沢東選集』八六四〇万部、『毛沢東著作選読』四七五〇万部が出された。文革から六七年末まで海外に送り出された各国語訳の『毛主席語録』だけでも四億部に達していると伝えられている。一九六六年から六八年一一月まで三年の間、毛の著作は計三一億二六〇〇万冊（一九六九年六月二日新華社）。一九六七年一年内で、毛沢東胸像、毛沢東バッチは一三億個を鋳造した。毛肖像画一六億枚も国内に出されたと伝えている。まさしく伝統的な「人海戦術」に対比させる物量作戦である。

**整風運動**　1942年、毛沢東が共産党内の思想上の主観主義・セクト主義・空言主義を克服し、マルクス主義思想の水準を高め、作風を改めることを呼びかけた運動。57年から58年には第二次整風運動が、66年からは文化大革命が展開された。

## ⑬つくられた万能の神

毛思想の公式採択は、彼の党内における指導権の確立とともに偶像化への起点にもなった。R・L・ダニエルスによれば、七全大会は中共が「単一思想の体制」にだけでなく、「単一人物の体制」に向かって移行した公式転換点であると規定した。それ以来、毛沢東の神格化は中国革命戦争の高揚、中華人民共和国政権の樹立とともに絶対化と偶像化の一途をたどった。

毛沢東は権力を握るや否や、すぐ個人崇拝を急速に、途方もなく推し進めた。新聞紙上は一度ならず彼を「中国の救いの星」、「沈むことのない太陽」、「革命の舵手《だしゅ》」と書き立てている。中華人民共和国が成立して以来、公式の演説はほとんどが「毛主席万歳」という礼賛用の言葉でしめくくられていた。毛の肖像画は公共の建物にでかでかと飾られ、家々には守護神に代わって毛の肖像画がかかげられた。

集会は国歌の斉唱ではじまり、全員起立、一斉脱帽、国旗と毛主席の肖像画に敬礼するばかりでなく、新党員の入党儀式、新郎新婦の結婚式のときにもそれぞれ毛沢東の肖像の前に忠誠を誓い、三回礼をするという揺るがせない規則が毛体制とともにつくられた。

一九四一年の延安時代当時、党の公式出版物である「共産党人」の中で張如心《ちょうじょしん》は「ボルシェビキの教育者を論じる」の一文で音頭をとって毛沢東を「中国最大の理論家、思想家、革命家、中国の歴史にこれまで出現したことのない天才」だとほめたたえて気勢をあげた。彼を「中国人民のもっとも忠実な、もっとも完全な代表者であり、さらに世界人民の指導者である」と述べている。

さらに、郭沫若《かくまつじゃく》が彼を「人類の太陽」とたたえて以来、「太陽が輝くのは昼間だけ、月が光るのは夜だけです。毛主席だけが絶対沈まない太陽なのです」（一九五五年七月二六日、人民代表大会）とだんだん全知全能の神にまつりあげられた。

一九五八年一〇月一〇日の『人民日報』の社説はこう述べている。

「毛沢東の時代にある今日、天国はここ地上にある。党が呼びかけさえすれば、数億の大衆が必ず行動に立ちあがる。毛主席は偉大な予言者である。彼は、科学的なマルクス・レーニン主義を通じて未来を見ることができる。毛主席のすべての予言はみな現実になっている。過去もそうであったように、今日でもそうなのだ」

こうして、彼は誤ることのない指導者だけでなく、未来を見通す予言者にもなった。彼の諸著作は、あらゆる年代のもの、あらゆる職業のものにとって欠かせない偉大な手本である。毛の所説については熱烈な評価を表明しないことは大きな反逆罪になるのだ。

一九五七年九月二八日の『人民日報』は党中央委員劉瀾濤《りゅうらんとう》（西北局第一書記、六七年失脚）の発言を引用して、毛沢東を次のように述べた。

「彼は、現代のもっとも傑出したマルクス・レーニン主義の革命家、政治家、理論家の一人である。わが国の六億余の人民は、自分自身の幸福、希望、将来をすべて毛沢東同志に託し、毛沢東同志を共産主義の化身、真理の化身、不敗の旗幟《きし》（主義・主張）として見ている」

文革前夜、北京市内にある軍の「毛思想学習運動」の成果についての展示会で、一人の解放軍兵士はこう書いている。

「人々は、毛主席は、われわれの太陽だという。私が思うには、彼は太陽よりも輝かしい。太陽がわれわれの身体をあたためるだけなのに、毛沢東思想は生命の霊魂であり、エネルギーの根源であり、行動の指針であり、闘争の武器であり、革命の根幹でもある」

この賛詞はやがて毛を讃える賛歌となった。一九六六年七月一日の『人民日報』は、「毛沢東思想はわが党の魂であり、生命の綱である」、「現在もそうであるように、一〇〇〇年後も、一〇〇〇〇年後もそうである」と書き立てた。

さらに同年の八月八日の『人民日報』は北京で開かれた毛沢東著作集の出版会について、こう述べている。

「毛主席の労作の一言一句はすべて純金である。……毛沢東思想は全中国人民と世界の革命的大衆の心の赤い太陽にひとしい。われわれはそれを子々孫々に伝えるであろう。水なくしては魚が生きられないように、われわれは毛沢東なくして生きられない」

**郭沫若（1892〜1978）**中華民国、中華人民共和国の政治家、文学者、詩人、歴史家。蔣介石に追われ、1928年2月日本へ亡命。戦後中華人民共和国建国に参画して政務院副総理、中国科学院院長に就任。1950年全国文学芸術連合会主席、1954年全人代常務副委員長。文学・史学の指導に努めるが、発言や作風が毛沢東に迎合するようになる。

毛の個人崇拝が文革の熱狂とともに高まるにつれて、さらにこれまでの国歌とされてきた「義勇軍行進曲」の代わりに、毛沢東個人をほめたたえる「東方紅」を国歌にとりかえようと叫ばれた。もちろん、中国最初の人工衛星「東方紅」もその賛美歌を宇宙に向けて流しつづけている。

もちろん、人民大衆とともに賛美

歌を斉唱することは、中国人民にとって音楽、歌謡への雅趣よりも一種の義務づけである。一人の下、万人の上の周恩来宰相さえいわゆる「革命大衆」と唱和しないわけにはいられない。文革期間中、すでに七〇の高齢を越えた老人でありながら、紅衛兵につきしたがって、『毛語《もうご》録《ろく》』を左手にふりかざしながら、「大海をいくには舵手にたよる」（毛賛歌）を高らかにうたって、「毛主席万歳」を声高らかに叫んだ周恩来の姿は印象深いものだ。

一九六〇年三月四日の中華全国総工会の報告で、「党のこれまでの経験は、大衆がひとたび毛沢東思想を身につけるや、それはたちまち巨大な物質的な力になることを完全に証明している」と述べ、さらに「われわれがひとたび毛沢東思想から逸脱するならば、われわれは確実に誤りを犯すであろう」と結んでいる。

それからの『人民日報』の報道は、つづけざまに、この実証ずみの効験を伝えている。毛思想の鍼《はり》は、あらゆる病気や、窮乏を治すための経典であるばかりでなく、人民に贈呈する奇跡の特効薬にもなった。しかも多くの臨床実験によって、実証されていると書き立てている。毛思想の学習は医学のみならず、どんな職業につき、どんな業務に従事していようとも、すべてに役立つ。

中国のピンポンチームは毛思想の学習によって、世界チャンピオンになった。毛思想の学習によって、みずからの矛盾を克服し、世界記録を破ったり、エベレスト峰登頂に成功したりした。

劉少奇時代に耳が聞こえなかった人が毛沢東の時代になったら聞こえたとか……と、ことがあるたびに『人民日報』は必ずこの実証ずみの学習成果を革命的人民大衆に伝える。

毛思想の絶対化につれて、毛の誕生の地である韶山《しょうざん》村も脚光をあび、一躍聖地となって巡礼者の大群が参拝に殺到した。

巡礼者の数は、すでにキリスト教のエルサレムと回教の聖地メッカをはるかにこえて、礼拝巡回者に埋められ、年間一〇〇万人をこす盛況だといわれている。

「一九六三年には、三万、六四年七万、六五年二〇万五〇〇〇、六六年は上半期ですでに三一万人をこえた。六六年七月のある日、数多くの農民代表団が、中には遠くチベットや新疆《しんきょう》からのものもいたが、毛沢東主席の肖像画や旗をもって、山道を歩いてくるのを私は目撃した」と毛の聖徒伝著作者の一人であるハン・スーインが述べている。

中華人民共和国樹立直前の一九四九年三月一三日、ほかならぬ毛沢東自身の発議で「党委員会の活動方法」の中で、党指導者の誕生日を祝うこと、指導者の名前を土地名や街路名、企業名に冠することを禁止した。

その禁令を発議した張本人の毛沢東がなぜここまで「神格化」を喜んで黙認したのか。それは彼のとてつもない革命理想に到達するために彼自身が背負わねばならぬ「十字架」なのだろ

1966年7月16日、揚子江を泳ぐ毛沢東

うか。

いや、そここそが八億の人間管理の極意なのだ。八億の人間管理は、毛沢東の神格化がなくてはならない一つの手法であって、前提でもある。

毛沢東思想は、社会諸問題の解決から医学的効果まで神通力をもつばかりでなく、御本尊の体力も超人的であったそうだ。

毛が一九五八年九月に少なくとも七回にわたって激流の揚子江を泳ぎわたったと伝えた。六五歳のときであった。一九六六年七月一六日には七二歳の高齢とはいえ、武漢の近くで幅一五キロもある揚子江を一時間五分の超スピードで泳ぎわたって世界的話題となった(同二五日写真とともに発表)。神話に近い世界記録であった。中国のマスコミはこれを毛沢東思想の偉大さを立証したと解説した。毛の健在を誇示する作戦であった。『人民日報』に載った写真は、波と泳ぐ方向が逆、

スピードがオリンピック記録の倍ということから、「合成写真」だと世界に知れわたり、世界の失笑となった

一九六七年一月一二日になって、中国の放送機構はやっと半年前の超人的な世界記録と写真は陶鋳《とうちゅう》指導下の「反動派」のでっちあげと誇大広告だと糾弾した。世界の失笑をかった不名誉な失点を政敵に責任転嫁させる見慣れた手口である。

一九六六年九月二八日『人民日報』の社説「革命青少年は解放軍に学習しなければならぬ」一文の中で「永遠に党に忠、毛主席に忠、毛沢東思想に忠、人民の革命事業に忠しなければならぬ」と「四つの忠」を提唱しはじめた。六八年三月九日の『光明日報』に「無限に毛主席に忠、無限に毛沢東思想に忠、無限に毛主席の革命路線に忠すべきである」。さらに「毛主席に永遠に無限に熱愛し、無限に信仰し、無限に崇拝し、無限に忠誠すべきである」と呼びかけている。

紅衛兵の登場と奪権闘争の激化によって、「四つの忠」と「三つの忠」が提唱され、封建遺徳である「忠」が文革の徳目の一つになって毛個人崇拝の運動として提起された。毛の個人崇拝にとって、「忠」の運動がどうしても必要であるからだ。

**陶鋳**（1908〜1969）中華人民共和国の政治家、軍人。人民共和国の建国以前は政治宣伝の分野で活動し、建国後は広東省を中心に地方の要職を歴任。中央に抜擢後、国務院副総理、中国共産党中央政治局常務委員、党中央宣伝部長など

を歴任したが、文革で失脚。

## ⑭社会主義革命の総括としての文化大革命

最近の中国人留学生は国家の未来を担う棟梁《とうりょう》、エリートでありながら、「南京大虐殺」は知っていても、文革も六・四天安門事件などの自国史も知らない者が増えつつある。

文革は中国近現代史、ことに人民共和国史においてはもっとも劇的な一コマであった。文革の一〇年を「十年酷劫」（動乱の一〇年）と呼ぶようになったのは改革開放後で、文革の最中はそういう話はなかった。

一九世紀中葉に起こった太平天国の乱は約一五年もつづき、死者は五〇〇〇万人とも、あるいは人口の五分の一とまで推計されている。人類史上最大の内乱とされている。それに匹敵するのが二〇世紀中葉の文革という「一〇年の動乱」であろう。時代と地域は若干違っていても、類似する点が多い。

太平天国の乱は華中・華南が中心地だった。華北でも同時代のカルト組織・捻軍《ねんぐん》が呼応して立ち上がり、北方を荒らしまわった。文革は地方の人民公社から中央の北京中南海の中枢にいたるまで、同一民族から同一村人同士までが集団的決闘や一騎討ちに狂奔《きょうほん》する数億人単位による大乱闘だった。

たしかに文革初期は世界の進歩的文化人にとって、じつに魅力的な革命であった。文革の背後にある事情や真相がどうであろうと、「世界革命、人類解放」を目指す進歩的な文化人にとってはそれは夢の実現、夢を実践するためのスタートであった。

文化大革命という夢に当時の人々は陶酔《とうすい》し、想像をこえるほど人々は魅了され、世界各地から数えきれないほどのエールが送られた。

少なくとも文革初期の段階では、世界はそれを期待を込めた目で見つめ、中国に人類の新しい夢が実現されるのを期待していた。「愛国無罪」「造反有理」が叫ばれていた文革初期、紅衛兵革命は世界を魅了していた。ことに「破四旧《はしきゅう》」（旧時代の思想、文化、風俗、習慣を打破せよ）のスローガンは、すべての古い伝統文化や習俗を否定する運動であったが、それを世界は「天国は近くなり」とまでもてはやした。

しかし文革の混乱がいっそう深刻化するにつれ、世界からの評価は次第に変化していった。そして文革そのものがただの実権派と革命派との奪権闘争にすぎず、それが世界に知られることによって社会主義の魅力は次第に色あせていったのだ。ことに文革が終結し、四人組が逮捕されてから、「動乱の一〇年」と党がみずからその失敗の真相を認めた後は、もはや文革を褒《ほ》め称《たた》える者はいなくなった。

## ⑮連発をくいとめられなかった中国の人口爆竹

「人口と食糧のバランス」は人類有史以来の一大課題であるだけでなく、二一世紀以後の未来の人類の課題として語り続けられていく。マルサスの人口論はよく知られているが、はるか古代、人口と資源の問題について孟子《もうし》も韓非《かんぴ》も語っていた。古くて新しい問題である。

大躍進の挫折《ざせつ》によって、六〇年代に入って三年間も自然災害によって数千万人が餓死した。人数については二〇〇〇万～五〇〇〇万人の数字まで出ている。自然災害ではなく毛沢東による「人災」だとすべての責任を国家指導者に負わせる党幹部も多い。責任をすべて他人に転嫁するのは中国人の性格だ。

「餓死者続出」は中国史にはよく見られる史例である。自然史から見ても社会史から見ても、それはつねに連鎖的に起こることで、しかも時代とともに拡大していく。数十万人、数百万人単位で餓死することは決して珍しい例ではなく、千万人単位で餓死したのは毛沢東時代の大躍進以後だけではない。二〇世紀、一九三〇年代初頭の西北《せいほく》大飢饉でも一〇〇〇万人以上が餓死した。清王朝時代の一九世紀にも一〇〇〇万人以上の餓死者が発生したとの記録が三回も史書に出ている。

中国史を見ると、人口の激増と激減は歴代王朝の盛衰に比例して繰り返されてきた。中国といえば、今現在の地図の範囲のイメージが強いが、そもそも黄河の中下流域の中原地方から時代とともに膨張と縮小をつづけてきた国であり、人口規模は日本列島を横にした中原の地を中心に想像したほうが連想しやすい。戦国時代の人口は、南の楚《そ》を含めても推定人口約三〇〇〇万人とほぼ江戸時代の人口規模と同じで、中原地方の領土面積は日本列島とたいした違いはない。

梁啓超《りょうけいちょう》によれば春秋戦国時代の人口は約三五〇〇万人と推定される。『漢書』（地理志）の記録では漢の最盛期には約六〇〇〇万人、東洋史学者・森鹿三の説によれば奴隷も含めて約一億人もいた。以後、激減と激増を繰り返している。記録されている数字がもっとも少なかったのは三国時代で八〇〇万人未満、現在の東京都二三区以下だった。

億をこえたのは清の盛世、康熙帝《こうきてい》の時代からで、一九世紀のアヘン戦争の時代にはすでに四億をこえていた。以後、約一〇〇年の間あまり増えることはなく、ずっと「四億の民」といわれていた。孫文は「亡国滅種」の危機についてよく語り、学校の教科書にも記載されている。

中国の人口については清朝末期から今日にいたるまで、政府でさえ正確な数を把握できない。政府各機構もたいていどんぶり勘定で、各省庁や部署が出した数の差が一億あるのが当たり前である。趙紫陽《ちょうしよう》総理が一九八二年に来日した際、「中国の人口は何人か」と尋ねられて、正直に「天曉得」（神様しか知らない）と即答した。それは決して笑い話でもブラックユーモアでもない。今でも、中国政府の国務院の公文やその他の関係機構の数字はそれぞれ違うので、一三億から一五億、さらに一六億や一七億という説もある。

百万人、千万人単位の餓死者がよく出るため、数千年来、人口過密・過剰の問題がよく議論されてきた。毛沢東は反人口抑制論者で、「人口が多いのは中国の武器」と考え、「人は手が二つ、口が一つ。二つの手で一つの口を養えないことはない」と語ったのは有名な話である。

人口抑制論を唱えた北京大学学長の馬寅初《ばいんしょ》が「新マルサス主義者」として追放されたのはよく知られている。文革の時代に入って、中国の人口は七億～八億人まで急増し、「錯《さく》批《ひ》一人、誤増《ごぞう》三億」（一人を誤って批判したがために三億人もの人口を増やしてしまった）と後世になって言われた。

文革後から「一人っ子政策」（一九七九年）を断行したため「黒人《ヘイレン》」「黒戸《ヘイフー》」と呼ばれる億前後の「隠れ人口」が発生した。男児出産に偏ったため男女比率の「性差」まで

**趙紫陽（1919〜2005）** 中華人民共和国の政治家。「第2世代」の政治指導者として国務院総理、中国共産党中央委員会総書記などを歴任。1989年の天安門事件で失脚し、2005年に亡くなるまで軟禁生活を余儀なくされた。

急拡大したうえ、日本以上の少子高齢化が昂進している。もちろん一人っ子政策をとらなければ、二〇四〇年には二〇億にも達すると計算されている。人口問題をどうするか、中国にとっては有史以来の課題である。歴代王朝の盛衰と人口爆竹の炸裂《さくれつ》は史実として繰り返されてきている。

この人口と資源のバランスという永遠なる課題から「適正人口」をどう考えるべきかという以前に、社会主義中国の計画経済ははたして存在するのかという疑問が残る。人口数字は経済のもっとも基本的な数字であるのに、政府は人口を把握することさえできない。つねに数億の差があるのは、いくら「計画経済」と謳っても、科学的といえないどころか、虚構か画餅《がべい》かとしか思われない。じつに中国らしいといえる。

**康熙帝**（１６５４～１７２２）清の第４代皇帝。名は玄燁（げんよう）廟号は聖祖。唐の太宗とともに、中国歴代最高の名君とされる。その事実は歴代皇帝の中で「聖」の文字を含む廟号がこの康熙帝と、遼最盛期の皇帝聖宗のわずか二人にしか与えられていないことからも窺える。

**馬寅初**（１８８１～１９８２）中華民国・中華人民共和国の経済学者・教育者・政治家。中華民国時代は経済学者として高名を有し、蔣介石らの政策を批判した。「新人口論」を執筆して計画出産を提案したことでも知られる。

## ⑯世界革命功ならず

人類史にはさまざまな文明の盛衰と国家・民族の興亡がある。都市国家もあれば封建国家もある。世界国家や世界帝国といわれる「天下国家」もある。

近代国民国家の元祖は産業革命と市民革命後に生まれたイギリスとフランスである。やがて近代国民国家が拡散しつづけ、近現代国家における代表的な国のかたちとなった。戦後の二〇世紀中葉ごろには約六〇カ国だけだったが、その後六十余年を経た現在、約三倍まで増えて二〇〇カ国前後となった。国連に加盟している主権国家だけでも一九三カ国となっている。

イギリスやフランスはどちらかというと多民族を糾合した国家であるのに対し、イタリア、ドイツ、日本は一九世紀に入ってからそれぞれイタリア人、ゲルマン人、大和民族を統一した同一性の高い国民国家で、一九世紀から二〇世紀初頭になってから列強に伍《ご》した。

社会主義思想の歴史は近代資本主義に対する批判から生まれ、ユートピア思想と結合したイデオロギーである。ロシア革命後、ソ連として世界革命、人類解放、さらに「国家死滅」を目指して、コミンテルンの指導のもとで国民国家の死滅を目標とする世界革命を目指した。

ロシア革命を第一革命、中国革命を第二革命とし、さらには戦後、日本で第三革命を目指した。だが、「日本人民民主主義共和国」の革命は不発に終わり、世界革命は挫折した。

社会主義思想が一時一世を風靡《ふうび》し、二〇世紀における人類の主流思想にもなった。ではなぜ世界革命、人類解放には成功しなかったのだろうか。その理由は多々ある。たしかにイデオロギーとしては魅力があるが、賞味期限はそれほど長くなかった。ソ連や中国国内でさえそうだった。滅ぼされたのではなく、自滅したのである。

中国史だけを見ても、「千年王国」の確立は現実的には難しく、キリスト教やイスラム教も千年王国を建設することはむずかしかった。中国史にも王莽の儒教千年王国、キリスト教上帝会の太平天国の歴史があった。毛沢東の社会主義社会建設より短命だった。中国歴代王朝の末期にはカルト集団の決起があった。「太平」や「公平」「平等」を掲げ、「太平道」のように不公不正、不平の是正を目指したものもあったが、「千年王国」を確立できなかった。

二〇世紀の社会主義革命を考察するのに、文明圏から見ると、ユーラシア大陸の西側はギリシャ正教やスラブ正教などビザンチン帝国の流れを汲《く》む東方正教会文明圏の国々しか成功しなかった。崩壊したのはソ連、東欧などの東方正教文明圏のみであった。

ユーラシア大陸の東側では、中華帝国の流れを汲む儒教文明圏しか成功しなかった。第三革命の標的の日本で革命が成功しなかったのは、仏教文明圏だからであり、イスラム文明圏のインドネシアも失敗に終わった。もちろんピューリタント文明圏の西欧、カソリック文明圏のラテンアメリカも世界革命の波には呑《の》まれなかった。

## ⑰それでもチャイナ・ドリームはつづく

「蚊も蠅《はえ》も鼠《ねずみ》も泥棒もいない地上の楽園」という中国像は戦後からずっと日本人の間で残っていた。たしかに文革の実像は竹のカーテンが徐々に開かれるとともに色あせてきてはいても、少なくとも毛沢東時代の中国に対してはそういうイメージがあった。

改革開放後、地上の楽園の残像から「二一世紀は中国人の世紀」という未来像へと変わって、これを強調する言論人もいる。

数千万人の餓死者が出ても、「大学者」や「大新聞」はなおも「エデンの園」の象徴として日本のメディアで語りついでいる。一九七〇年代前後の日本では環境問題がしきりに取り上げられ、公害問題が市民運動、国民運動と化する渦中に、中国の「三害追放」のモデルに学べと叫ばれた。日本は中国の環境保護に学ぶべきとまで鼓吹《こすい》されていたのだった。

日本人はつねに外の世界をユートピアや桃源郷として憧れる性向がある。それは国民性の一つとも言える。中国だけではなく、北朝鮮についても一時「地上の楽園」だと流布していた。

日本人の外国への憧れは決して戦後始まったものではない。江戸時代の朱子学者は経典に書かれていることを鵜呑《うの》みにし、中国を「聖人の国」「道徳の国」と憧れた。一方、国学者が中国を見る眼は意外と冷静だった。中国は「よこしまの国」という考えは、日本の国学者だけでなく、ヨーロッパの哲学者や法学者もほぼ同様のイメージを抱いていた。

外を実像以上にきれいだと見るのは決して悪いことではない。日本人が近代西洋の文物を見て、それに学び、坂の上の雲を目指して上っていく精神性が近代日本をつくったのであろう。

一九九〇年代のアジアスポーツ大会で、中国人選手のドーピング問題が発生した。その際、日本のスポーツ界の重鎮《じゅうちん》たちが「中国人だからありえないと信じていたのに」と発言しているのを聞いて、きわめて非常識だと感じた。「嘘ではないのは詐欺師だけ」の国だから、どこの国も「中国人だからありえる」とすぐ肯《うなず》くのに、日本人の常識は世界の非常識といわれる一例でもある。

中華人民共和国の建国後、「一五年以内にイギリスを追い越す」「今世紀内にアメリカに追いつく」そして「東風は西風を圧倒する」というかけ声もあって、中国人こそ解放された民として、これから世界革命、人類解放を目指すと自信満々の精神高揚期にあった中国人から見た日本人は、ただ「アメリカ帝国主義の走狗《そうく》」にすぎなかった。アメリカは張子の虎である、やがて日本は中国に跪《ひざまず》いて恵みを乞《こ》うと中国人は信じて疑わなかった。在日の華僑《かきょう》もそう思っていた。

時代は社会主義革命の高揚期である。日本の進歩的文化人も社会主義革命の夢に酔《よ》いしれた。戦後の焼け跡から這《は》いあがりつつあった日本人は、新しい社会主義中華思想に圧倒されたのか、中国で大躍進や文革といった運動があるたびに憧れ、礼賛をおしまなかった。

この新生国家の誕生はたしかに世界に大きな感動を与え、ことに戦後日本の文化人を魅了した。そして日本の進歩的政党と文化人がみずから進んで「世界革命、人類解放」を不惜身命《ふしゃくしんみょう》（みずからの身命をかえりみない）で夢中になって呼びかけた。

だが、やがてその革命国家は輝きを失い、悲劇的なドラマとして最期へと向かっていく。結果的には社会主義がただ新しい奴隷制度であることが世に知られ、夢と消えていった。

# 三章

# 後中華人民共和国の時代

## ①番狂わせだった走資派の復活

毛沢東の人民共和国とそれ以後の人民共和国を、中国史の編纂法に基づいて、前と後の二つの時代に分けるのは、人民共和国体制が変異したからだ。

このような区分は前例も多く、前漢、後漢のほか、激動の五胡十六国の時代には前秦と後秦、前趙と後趙もあった。前・後ではなく、西・東という呼称もあった。たとえば魏晋南北朝時代の西晋が滅亡後、南遷した司馬《しば》一族の政権が東晋と称される。だが、金に滅ぼされた北宋は南下したので南宋と称され、西宋と東宋とは言われなかった。同じく金に滅ぼされた遼は、一族が西に逃れて西遼として再興している。女真《じょしん》族の金がモンゴルと南宋の連合国軍に滅ぼされてから約四〇〇年近く後に、女真系の満州人が国を再興し、アイシンギョロ・ヌルハチが建国して後金と称し、二代目のホンタイジからモンゴル人の北元と合邦して清帝国となった。

後中華人民共和国は、改革開放に路線転換した初期には、四つの社会主義原則の堅持を掲げながらも、じっさい堅持しているのはプロレタリア独裁のみで、九〇年代に入ってからすでに社会主義を完全に捨ててしまっている。毛沢東以後の社会主義体制は完全否定されたとまではいえなくても有名無実になったので、「権貴資本主義」とも称される。

鄧小平の時代に香港、マカオが返還された後、一国両制の一国二制度を打ち出したが、これもじっさいにはすでに有名無実化しつつある。一国両制は中国史上何度も現れた政治制度である。秦始皇帝の死後、国が急速に滅びた教訓からとして、漢はじめには中央集権の郡県制と封建制を施行したが、呉楚《ごそ》七国の乱の後、徐々に有名無実になった。それ以後も、晋や明の時代にも漢と同じく一国両制を行ったものの、やはり有名無実になった。

毛沢東以後の人民共和国は同時並行（パラレル）的一国両制ではなく、時間軸を縦にすれば、前後の一国両制でもある。その理由は、社会主義社会が「空想的ではなく科学的」といわれながらもうまくいかなかったというよりも、地上には存在しえないものだったからである。社会主義社会の実現は中国だけではなく、ソ連にも東欧にもできなかった。「人類最大の実験」にして最大の失敗例ともいえるが、精神文化がなく世俗化した民族である中国人は現実的、実利的なので、すぐに「改革開放」へと修正した。

「平等」は人類にとってはただの幻想ということは、秦漢時代の反乱から太平天国時代に至る数千年の歴史によって実証されていた。中国では、すでに五〇年代末の大躍進の失敗から走資派と革命派が対立する端緒が現れた。文革とはその対立の顕現化の実演にすぎず、文革後に追放された実権派の走資派が大量復活し、逆転したにすぎなかった。

話は一九七五年にさかのぼる。この年に開催された第四期全国人民代表大会において、周恩来は「農業、工業、国防、科学技術の近代化」という、いわゆる「四つの近代化」を提唱し、毛沢東以後の中国ではじめて新しい国家目標を示したのだった。

しかし、江青らの文革派はプロレタリア独裁に固執し、周恩来と鄧小平が主導する不穏な動きへの巻き返しを図っていた。そんなとき、杭州で工場労働者が賃上げストライキを起こし、軍が出動して鎮圧するという事件が起こった。これは、毛沢東が掲げた社会主義社会の末期的症状であり、「貧困のユートピア」構想の名のもとに我慢を強いられた人々のうっぷんがたまりにたまって爆発した事件であった。

それを十分承知していた鄧小平らは、文革路線から「四つの近代化」への移行をより早く推進しようと動いた。今や鄧小平らが主流派となり、江青ら文革派は「反潮流」となっていた。

だが一九七六年、周恩来総理が病に倒れ逝去《せいきょ》してしまう。そして、周恩来の葬儀においても、鄧小平が「四つの近代化」路線の継承を誓うという弔辞《ちょうじ》を述べたことにより、さらに文革派を刺激することとなった。

予想どおり文革派は、鄧小平を「悔い改めない走資派」と激しく批判し、ついに政治の表舞台から引きずり下ろすことに成功する。文革派は、周恩来を含めて走資派を批判しようと躍起になったのだった。だが、こうした文革派による「反潮流」の動きに、民衆はもううんざりし

**華国鋒（1921〜2008）**中華人民共和国の政治家。国務院総理、中国共産党中央委員会主席などを務めた。周恩来が死去すると、その後継に抜擢されるも、鄧小平らと権力闘争を展開し、最終的に失脚させられたといわれる。ただしその後も2002年11月に引退するまで中国共産党中央委員を務めた。

ていた。そして、ついに民衆は立ち上がったのだ。それが一九七六年四月に起こった「第一次天安門事件」である。

第一次天安門事件は、四月四日の清明節《せいめいせつ》（日本でお盆にあたる行事）に天安門広場に集まった民衆によって繰り広げられた。彼らは癌《がん》でこの世を去ったばかりの周恩来の死を悼《いた》むとともに、江青ら文革派を大々的に批判し、毛沢東の側近による政治に不信を表明するために集まったのだった。

この集会を規制するため五日夜に軍隊が投入され、流血沙汰となり、事件は予想外に広がってしまった。党中央は、この事件を「反革命」事件として握りつぶし、その責任を鄧小平一人に押しつけ、鄧小平を全職務から解任するとともに、華国鋒《かこくほう》の国務院総理兼党第一副主席への就任を決定した。

しかし、この事件は後に評価が一八〇度変わり、「偉大な四・五運動」として美化され、これこそが中国の政治における大衆反乱のあり方だとまで言われるようになる。

毛沢東の死後、四人組を糾弾するキャンペーンはしばらくつづき、そんな中で鄧小平はふたたび政治の表舞台への復活を遂げた。

そして一九七七年に開かれた中国共産党一一全大会で、正式に文革の終結が宣言された。この大会では葉剣英《ようけんえい》、鄧小平、李先念《りせんねん》、汪東興《おうとうこう》の党副主席就任が決定すると同時に、「四つの現代化」路線が発表され、脱文革へのムードがいっそう強まった。

毛沢東の死後、党・軍のトップに就任していた華国鋒も、基本的にはこの路線に賛成し、四つの現代化に沿って「国民経済発展一〇カ年計画」の報告もしているが、それでも依然として「毛沢東思想」「階級闘争」「工業は大慶《だいけい》（黒竜江省）に学び、農業は大寨《だいさい》（山西省）に学べ」といったスローガンを強調していた。

その翌年の第一一期三中全会においては、ついに毛沢東体制下で失脚した党員の名誉が回復され、第一次天安門事件までもが「反革命事件」から「革命的行動」へと、その評価が逆転したのだった。


**アイシンギョロ（愛親覚羅）ヌルハチ**（1559〜1626）後金開国の祖。清の太祖と追号される。女真族を統一し、明に攻め入るも戦闘中の負傷で死去したものと推測される。生前に後継者を定めなかったため、紛糾したが、第8子のホンタイジが後を継ぐことになった。

**ホンタイジ（皇太極）**（1592〜1643）後金の第2代の王。大元伝国の玉璽を手に入れて満州族・漢族・モンゴル族の3族から推戴を受けたことから正式に皇帝となり、国号を大清とし、改元した。東北部を完全に掌握して明の領内への侵攻を目指すが、明の征服を果たせぬまま急死。

**呉楚七国の乱**　中国前漢の紀元前154年に、呉王ほか7国の諸侯王が起こした反乱。同族の劉氏同士の内乱であった。これにより統治の実権は朝廷の任命した官吏である相が握り、王は単に領地から上がる租税を受け取るだけのものとなった。

**葉剣英**（1897〜1986）中華人民共和国の軍人、政治家。中国人民解放軍の創立者の1人で、中華人民共和国元帥。国防部長や全国人民代表大会常務委員会委員長などの要職を歴任。また、1975年1月から1983年6月の間は国家元首格であった。

**李先念**（1908〜1992）中華人民共和国の政治家。共産党の八大元老の1人で、第3代中華人民共和国主席。国家主席退任後も、保守派の長老として影響力を保持し、中国人民政治協商会議全国委員会（全国政治協商会議）主席の座にあった。

**汪東興**（1916〜）中華人民共和国の政治家。長年にわたり毛沢東の警備責任者を務めた。華国鋒に協力し、四人組を逮捕するも、鄧小平が復権すると、批判されて職務を解任されている。

## ②なぜ毛沢東も鄧小平も後継者を切り捨てざるをえなかったのか

アジア社会はヘーゲルの分類によれば、「一人のみ自由があり、万民が奴隷」というアジア型独裁専制の社会型とされ、その典型が中国社会である。マックス・ウェーバーは中国を「家《か》産《さん》制国家」と称した。家産制とは支配階級の長が土地や地位を自分の家の財産として扱い、家父長制をもって支配することである。

中国では自称「家天下」といって一族による天下相続が伝統だったが、清帝国後には、民国も人民共和国も「家天下」は不可能となった。個人の意思かどうかは別問題だが。例外もあり、中華世界の辺境である台湾では蒋介石の帝位を息子の経国《けいこく》が相続したが、二代目で終わってしまった。朝鮮のほうは金正恩《キムジョンウン》の三代目まで王位相続が可能になり、二一世紀としては破天荒《はてんこう》であろう。

毛沢東にとって、社会主義革命成功後の社会主義社会建設を担うのに最適な後継者はいったい誰か。長男の毛岸英《もうがんえい》は朝鮮戦争で戦死したので、蒋介石や金日成《キムイルソン》の考えとは異なり、社会環境と条件から見て、やはり一族よりも「革命の後継者」が最適だと考えたと推測するのが妥当だろう。

**蔣経国（1906〜1988）** 中華民国の政治家。蔣介石の長男。第6代・第7代総統。中国国民党中央委員会主席、中華民国行政院長、国防部長総政治作戦部主任等を歴任。中華民国の急速な経済発展に成功し、国民に気さくに接したことから国内でも高い評価を得ていたが、総統在任中に病死。

毛沢東が邪魔者を叩き潰して徐々に党の実権を牛耳り、指導権を確立したのは、延安政府時代のことと思われる。一九七三年の一〇全大会で、周恩来が「半世紀このかた、わが党は一〇回にわたる重大な路線闘争を経てきた」と政治報告を行ったように、十大闘争の中で政敵と渡り合い、指導権を牛耳るに至った毛沢東がはじめに後継者として確実視したのは、建国後には劉少奇、文革後には林彪であったことは、歴史の推移からみて当然だった。

　林彪の失脚後、江青をはじめとする「四人組」が後継者であったかどうかは別として、「君がやれば私は安心だ」と毛沢東から紙切れ一枚をもらった華国鋒が毛沢東亡き後、国家主席にまで公認された。だが、「改革開放」路線をめぐる激闘の中で、やがて消えてしまった。少なくとも鄧小平が「改革開放」の「総設計師」と持ち上げた時点で華国鋒はすでに消える運命になっていた。幸運なのは劉少奇や林彪らのような不幸な運命はたどらなかったことだ。せいぜい党から脱退し、「毛」の姓に「復帰」（華から毛に改める）「回顧録」の出版など党の指導部ともめにもめて終わってしまったのにとどまった。

　最高実力者になった後の鄧小平にとって後継者を決めることは、毛沢東以

**胡耀邦（1913〜1989）**中華人民共和国の政治家。第3代中国共産党中央委員会主席、初代中国共産党中央委員会総書記。鄧小平とともに失脚と回復を繰り返し、党主席、総書記に就任するも開明的な姿勢だったため鄧小平により解任。その死は第2次天安門事件へとつながる。

上にむずかしいことだった。まず巨大国家なので人が多ければ口（意見）も多い。毛以後の改革開放路線をめぐって四人組は逮捕されたが、少なくとも陳雲、李先念、葉剣英などのライバルを叩きのめさなければならない。また、文革の残党あるいは改革反対派や党内抵抗勢力をも一掃しなければならなかった。もちろん第五の近代化である「民主派」をも抑えなければならない。こうした状況から鄧小平は毛沢東と同じ轍《てつ》を踏み、とうとう胡耀邦《こようほう》と趙紫陽《ちょうしよう》の二人の後継者を切り捨てざるをえなかった。

**毛岸英**（1922〜1950）中華人民共和国の軍人。毛沢東と2番目の妻との長男。8歳のときに母が国民党軍に逮捕・銃殺。朝鮮戦争に従軍中、アメリカ空軍のナパーム弾による爆撃で戦死。もし生き延びていれば、中国共産党主席になっていたとも言われている。

## ③激動の八〇年代

文革後、七〇年代末に改革開放路線がスタートしたものの、社会主義社会から非社会主義社会に生まれ変わるのはそれほど簡単ではなかった。文革派の残党を一掃するほか、復活しつつある「走資派」の改革路線への調整もとらなければならない。

一九八一年に世界中の注目を浴びたのが「四人組」の裁判判決である。江青と張春橋《ちょうしゅんきょう》はともに死刑（執行猶予二年付）、王洪文《おうこうぶん》は無期懲役、姚文元は懲役二〇年であった。毛沢東を含めて「五人組」という声もあったが、「さわらぬ神に祟《たた》りなし」と建国の父に触れようとする者はいなかった。だが、同年六月に毛沢東から紙切れ一枚をもらっただけで、誰も異議なしとして党と国家主席になった華国鋒は党副主席に降格させられ、胡耀邦が党主席に、鄧小平が党中央軍事委員会主席に就任した。すでに八〇年代には最高実力者の座に上り、「総設計師」と言われた鄧小平の時代がスタートしたようにも見える。だが、毛沢東ほどの権力と権威が確立された時代とは言えなかった。

改革開放を実施するに当たり、党内外の敵を一掃しなければならないが、四つの社会主義の原則堅持を掲げながら四つの近代化を進めるのでは飽き足らず、学生をはじめとする民衆からは第五の近代化である民主化を求める声も強い。この民主化については、胡耀邦と鄧小平の間では意見が対立し、胡耀邦の死後は趙紫陽と鄧小平が対立する一因にもなった。

鄧小平からすれば、胡耀邦も趙紫陽も青二才。腹心として後継者と期待していても、中国の政治をあまりに知らない。いちいち民衆の声を耳にしたら、中国は天下大乱となる。社会主義の四つの原則を堅持するとはあくまでも建前であって、プロレタリア独裁まで放棄してしまったら「亡党亡国」の事態にもなりかねない。

「権力」については、清末の実力者、張之洞《ちょうしどう》湖広総督も「民権反対、国権堅持」を唱え、鄧小平と同様の考えだった。いわく「民権」を与えたら「乱民のみ喜ぶ」と憂え、「国権」の堅持が必要だと唱えたのである。鄧小平はもちろん「国権」よりも「党権」、さらには「党権」以上に「軍権」の重要性をよく知っていた。だから党主席の座を後継者の胡耀邦に譲っても、「軍権」は誰にも渡さなかった。

胡耀邦は人民共和国史上もっとも「民主と人権」を気にする人物として、周恩来のような風見鶏よりも中国で人気があった。胡耀邦からすれば、このままではやっていられないと党内で袋叩きにされる中で、党中央政治局常務委員会に党主席の辞任を申し出るのが本筋であり、党規則であったが、鄧小平の自宅に赴き、辞任を表明した。胡耀邦は心臓病で亡くなったとされるが、じつは「憤死した」のが事実である。やがて六・四天安門事件が起こり、趙紫陽総理は胡耀邦の悲劇の後を追ったのだった。

**張春橋**（1918〜2005）中華人民共和国の政治家。四人組の1人として国務院副総理などを務めた。毛沢東の死後に逮捕。法廷では黙秘を貫くも無期懲役、終身の政治権利の剝奪。減刑後の1998年、健康状態を理由に仮出所。2005年、胃がんのため死去。

**王洪文**（1935〜1992）中華人民共和国の政治家。四人組の1人として共産党中央副主席などを務めた。四人組の中では最年少だったが、党内の順位はもっとも高かった。逮捕され、終身刑の判決を受ける。1992年、肝臓疾患により獄中死。

**張之洞**（1837〜1909）清末の政治家。洋務派官僚として、曽国藩、李鴻章、左宗棠とならんで、「四大名臣」とも称される。主に武漢を拠点として富国強兵、殖産興業に努めた。近年になってから再評価され、2006年には張之洞記念館が設立された。

## ④二一世紀の中国の進路を決めた六・四天安門事件

二一世紀の中国の運命、あるいは進路を決めたのは、一九八九年の六・四天安門事件だった。現在の中国国家指導者たちには、もし天安門事件に対する鄧小平の決断がなかったら、今日の中国はなかったと考えている者が多い。国外でも鄧小平を擁護する声は少なくない。「開発独裁」に心酔し民主化、自由化することは国家にとって危険、アジア社会にはアジア的価値があると説く、シンガポールの最高実力者だったリー・クワン・ユーもその一人である。

中国政府は天安門事件を「暴乱」と決めつけ、今日でも再評価を求める声を拒否しつづけている。今でも中国にとって六・四天安門事件に触れることはタブーである。

文革の一〇年を「動乱の一〇年」とすれば、六・四天安門事件までの一〇年は「迷走の一〇年」ともいえる。文革後、改革開放路線への転換は党で決められたものの、党内では路線のあり方を巡る闘争が延長戦に入っていく。

まず四人組逮捕の功労者であった華国鋒主席や、毛沢東のボディガードだった汪東興ら旧文革派の有力者、そして葉剣英元帥ら軍の長老と地方勢力。そのほかに陳雲《ちんうん》が中心となって「計画を主に、市場を従とする」と唱えるいわゆる「鳥籠《とりかご》経済論」を堅持し、計画経済の原則を最後まで守り通そうとする党内の保守派「八老治国」といわれる鄧小平を筆頭とする改革開放の実権派たちである。各派各系の勢力は合従連衡《がっしょうれんこう》しながら軍と提携し、派閥利益を守るために抗争と迷走を続けていた。急進的な改革派と穏健的な改革派の間でも、衝突や奪権抗争が繰り広げられた。

この抗争の中で、鄧小平は対ベトナムの懲罰戦争を利用して、林彪や許世友《きょせいゆう》らをはじめとする敵対勢力の人民解放軍をベトナムの前線へ送って、ベトナムの民兵の手を借りて計五〇万人を殺させて軍権を牛耳ったものの、胡耀邦、趙紫陽を斬り捨て、己の権力を守らざるをえなかった。若いころから筋金入りの共産主義者である鄧小平からすれば、ブルジョア自由化に同情し、さらにこれを目指す胡耀邦と趙紫陽二人の後継者は絶対容認できなかったからである。六・四天安門事件後、鄧小平の後継者はいなくなり、三代目だけでなく四代目まで後継指名せざるをえなかった。結果的

**江沢民（1926〜）**中華人民共和国の政治家。鄧小平引退後の最高指導者。中国共産党中央委員会総書記、中華人民共和国主席、中国共産党中央軍事委員会主席、中華人民共和国中央軍事委員会主席を務めた。中国の国家元首として初めて訪日。今上天皇と当時の小渕恵三首相に対して過去の歴史に基づいた謝罪要求をし、その執拗さから反発を買った。

には鄧小平一族は、江沢民《こうたくみん》の時代になると、上海閥にことごとくつぶされてしまった。

ソ連はペレストロイカをやったから崩壊した。中国の社会主義政権が崩壊しなかったのは、四つの近代化だけで、第五の近代化である政治の自由化や民主化をしなかったから生き残ったという説は少なくない。ソ連は日、米、欧に比べ、四つの近代化を最優先していたわけではなかった。少なくとも東西冷戦の時代には、あるいはロシア帝国の時代には、すでにハードウエアの近代化はかなり進んでいたし、ことに軍事の面はそうだった。だからペレストロイカだけで十分だった。中国がますます独裁専制へと昂進せざるをえない状況は、ソ連のペレストロイカと比べ、いっそうその未来の明暗を分けることになったのではないだろうか。

## ⑤なぜ一人の国家指導者が三権を牛耳らなければ国家が不安定になるのか

六・四天安門事件後、なぜ「経歴不明」な江沢民が三代目の国家指導者となったのだろうか。本来なら上海市書記出身の江沢民のような地方幹部は、北京中央からすればもっとも遠い存在だった。

当時、北京中央の鄧小平の後継者はすでにお払い箱となっていた。鄧小平をはじめ陳雲、李先念ら党の長老が国権を牛耳っていた「八老治国」といわれる時代に、江沢民が後継レースに登場したのは、八老の妥協の産物とも見られる。最高実力者の鄧小平もこの人選を飲まざるを得なかった。

六・四天安門事件にいたる最大の争点の一つが、第五の近代化とされる「民主化」「自由化」であった。これを支持したのは、党内では胡耀邦、趙紫陽、万里《ばんり》がいたほかには、学者としては党から排除された方励之《ほうれいし》、王若望《おうじゃくぼう》、劉賓雁《りゅうひんがん》ら、それに学生たちだった。

本音は民主化でも、建前としては「反」の大義名分がある。反官倒の口実は、鄧小平の長男樸方《ぼくほう》の康華公司である。

**方励之（1936～2012）**中華人民共和国の天文学者、民主化運動家。六四天安門事件で動乱の首謀者として拘束を図られるも、アメリカ大使館に保護を求め入館。ヘンリー・キッシンジャーと鄧小平の交渉の結果、家族ともどもイギリスへの出国の許可を得る。ケンブリッジ大学やアメリカのプリンストン大学を転々としたのちアリゾナ大学教授。ニューヨークに本部のある中国人権理事会の共同議長にも選ばれた。

文革時代の中国では、「造反有理」「革命無罪」などのスローガンが掲げられ、「闘争、批判、改革」を叫びながら、奪権闘争に明け暮れていた。さらには社会が乱れれば乱れるほどよいとまで文革派が公言していた。

もし民主化、自由化が進めばさらに天下大乱になる。プロレタリア独裁を死守する党の実権派にとっては、六・四天安門事件は「動乱」というよりも「爆乱」だった。だから中国共産党の実権派は「議会制民主主義は社会動乱の元凶」とみなした。

　もちろん同様の考えは民国初年にもあった。たとえば、同じ革命同盟会の元勲で、中国国民党を創設した宋教仁《そうきょうじん》は議会民主制度を強く推進したが、後に袁世凱に暗殺された（北一輝の『支那革命外史』では元凶は孫文としている）。孫文は中国には民主制は合わないと考え、はじめはアメリカの議会制、さらにフランスの共和制、最後にレーニンの「最新式の民主主義」に心酔し、中国が「憲政」に達するには、「軍政、訓政、憲政」の三つの時代が必要だとして北京政府に反対し、広州で三度も軍政府をつくった。大総統よりも軍最高位の大元帥に就いた。

　そもそも中国では、皇帝がいなくなると天下大乱は避けられない。だから六・四天安門事件後、国家指導者が党、政、軍三権を牛耳らないかぎり、国家は安定しない。中国にとっては何よりも「安定」が最優先だ

**胡錦濤（1942〜）** 中華人民共和国の政治家。江沢民引退後の中華人民共和国の最高指導者。第4代中国共産党中央委員会総書記、第5代中国共産党中央軍事委員会主席、第6代中華人民共和国主席、第3代中華人民共和国中央軍事委員会主席を務めた。2013年、国家主席・国家中央軍事委員会主席を退任。

から、三代目の江沢民も四代目の胡錦濤もこの三権を掌握することが絶対不可欠である。絶対に「三権分立」も「多党制」もしないと公言するのは、安定を目指す「プロレタリア独裁」が絶対必要だからである。

**万里**（1916〜）中華人民共和国の政治家。国務院常務副総理、第5代全国人民代表大会常務委員会委員長などを務めた。中共八大元老の1人。文革で失脚するも、鄧小平の改革開放政策の支持者として何度も復活。

**王若望**（1918〜2001）中華人民共和国の作家。1987年に共産党から除名され、アメリカに亡命。鈴木明の『新「南京大虐殺」のまぼろし』によると、共産党文化工作隊に属し、「南京事件」の起こった1937年に南京から延安に向かった王若望は抗戦中、南京大虐殺のことは聞いたことはなかったと語ったという。

**劉賓雁**（1925〜2005）中華人民共和国の作家。記者となり、官僚主義を批判する記事を発表し、大きな反響を呼ぶも、創作活動を停止される。文革終了後、名誉回復し人民日報の記者になり、多くの政治的腐敗、人権抑圧を「報告文学」という独特の形式で執筆し、民衆の支持を得る。その後アメリカ滞在中に天安門事件が起こり、そのまま亡命。アメリカに渡った後も中国の民主化運動を支援し、活発に論壇で活動、「中国の良心」と呼ばれていた。

**鄧樸方**（1944〜）中華人民共和国の政治家。鄧小平最後の妻の長男。太子党の1人とみなされている。文革中、家族は紅衛兵の攻撃目標とされ、投獄されている。厳しい取調べの後に、4階建てのビルから転落して下半身麻痺となった。自身が設立を援助した全国身体障害者連合会主席。身体障害者の権利の保護についての業績に対して、2003年に国連人権賞を受賞。

**宋教仁**（1882〜1913）清末民初の革命家・政治家。袁世凱が大統領に就任後、革命組織を改組して国民党を組織、事実上の党首として活躍、1912年の選挙で圧勝。袁世凱は宋の懐柔を図るがことごとく失敗したため刺客を放ち、上海駅頭で射殺したといわれる。

## ⑥国是国策の大変更

人民共和国はその成立に当たり、「平等」を原理に「世界革命、人類解放、国家死滅」を掲げた。社会主義の原理は「平等」を基本に、ソ連の経験をモデル、そして計画経済を最大の原則として、運動につぐ運動、革命につぐ革命によって社会主義建設運動を進めてきた。

中国的特色をもつ社会主義だとして、「中国型」だといくら特色を強調しても、具体的にはソ連という「鉄のカーテン」とは違って「竹のカーテン」に閉じこもり、自力更生しかできなかった。自力更生路線は自家中毒を起こし、自閉的症状しか生まれなかったので、他力本願の「改革開放」に舵《かじ》を切る以外には中国の未来はない。文革という「一〇年の動乱」が何よりも如実にその症状を物語っている。

フランス革命後、「自由」「平等」「博愛」の価値観や近代国民主義の風潮が拡散し、徐々に地球的規模に広がったが、「自由」と「平等」は両立あるいは並立が原理的には絶対不可能だということは、ますます世人にわかるようになってきた。だから、どちらを優先して選ぶかというイデオロギーの対立が、二〇世紀最大の対立となって、米を中心とする自由主義陣営とソ連を中心とする社会主義陣営の対立となり、九〇年代初頭の冷戦終結にいたるまでつづいていた。鄧小平総設計師も「改革開放」路線を推し進めるに際し、「先富起来」（先に富を築ける人はお先に）と説き、「平等」の原則を放棄せざるをえなかった。

改革開放後、中国が直面する最大の危機はマルクス主義への信頼が崩れる危機だけにとどまらず、社会主義体制の危機としてもっとも象徴的なのは、六・四天安門事件である。目に見えない危機は、いわゆる「平和演変」である。革命ではなく、平和的手段で徐々にプロレタリア独裁をはじめとする「四つの社会主義の原則」が知らず知らずに骨抜きにされ、欧、米、日の外力によって第五の近代化、つまり自由化、民主化の体制に変わっていくことである。実際ソ連、東欧が崩壊し、いわゆる蘇東波《そとうは》（唐宋八大家の一人である文士の蘇東坡に因《ちな》む）といわれる社会主義消滅の波をどう食い止めるか、ことに六・四天安門事件後、党の危機としておののいていた。

六・四天安門の危機に際して鄧小平は武力鎮圧を発動して成功し、三代目の国家指導者となる江沢民体制が発足したものの、マルクス・レーニン主義、毛沢東思想への信念に代わる新たなイデオロギーがなければならない。

そこに従来の世界革命の三点セットに代わって、愛国主義、民族主義、中華振興の三点セットを国是国策とした。愛国主義や民族主義は従来の社会主義理念に反するもので、中華民国への回帰、中華振興は中華帝国の理念への先祖返りにほかならない。

## ⑦江沢民の国是はなぜ先祖返りしたのか

　文革の一〇年が「動乱の一〇年（十年酷劫）」とすれば、「改革開放」から六・四天安門事件の一〇年は「迷走の一〇年」と言える。文革で打倒された「走資派」（資本主義路線派）が文革収拾後に大量復活し、「改革開放」路線がすでに党によって決定されたものの、原則から政策まで、党内ではなおも意見の相異が多く残っており、「四つの現代化」からは「自由化」「民主化」が排除されている。「四つの社会主義原則の堅持」を掲げながらも、計画経済か自由市場経済か、「姓社か姓資か」（頭文字を社会主義とするか資本主義とするか）の論争がつづいた。そして結果的にはアヘン戦争後の「洋務運動」に見られた「中体西用」と同じ、先祖返りの中国的特色をもつ「社会主義的市場経済」に変わった。それが、いわゆる「権貴資本主義」の原点となっている。

　中国は古来から完全密閉国家ではなくても、万里の長城の「陸禁」と「海禁」が敷かれ、陸のシルクロードと海のシルクロードがあっても、自給自足の国だった。乾隆《けんりゅう》皇帝は通商を求めた英国王ジョージ三世の特使マカートニーに対し、「天朝にないものはない。欲しいものがあれば恵んでやる」と言ったが、これは中国の「地大物博」（土地が広く物が豊富）を物語るものにちがいない。

だが、乾隆帝以後の白蓮教の乱から、中国は人口過剰によって、つねに一〇〇〇万人以上の餓死者が出るようになった。実際、一九世紀に入ってから、中国はすでに「乞食」と「匪賊」「流民」の社会になりはてた。帝国から民国、さらに人民共和国へといくら革命、改革、運動などをしても、山河の崩壊と資源の枯渇は時代とともに昂進していく。いくら「大寨精神」や「大慶精神」さらに「愚公移山《ぐこういざん》」の精神があっても、中国の自然環境も社会もすでに自力で生き残るのは不可能だと悟ったのは、決して「走資派」だけではない。「自力更生」に代わり「他力本願」に舵《かじ》を切るしか生き延びられない。アヘン戦争後の中国は開港するにとどまり、開国まではいたらなかった。だから、毛沢東以後、竹のカーテンを開く必要があった。それが改革開放せざるをえなかった理由でもある。

では、なぜ六・四天安門事件後に、社会主義革命後の理念だった「世界革命、人類解放、国家死滅」の革命志向から、「愛国主義、民族主義、中華振興」を国是国策としなければならなくなったのだろうか。

そもそも中華帝国は天下（世界）であって国家ではなかった。もちろん秦始皇帝以来の中国史にも「五胡十六国」や「五代十国」の時代のように、列強や国家乱立の時代あるいは「天下」（コスモポリタン的世界国家の時代）もあった。少なくとも清帝国と人民共和国の「国のかたち」

は近似、ともにコスモポリタン的であった。民国は人民共和国とはちがって、産業革命や市民革命で生まれた「国民国家」という国のかたちである。目指すのは近代国民国家なので、清帝国の打倒は「国民革命」といわれ、民族主義、愛国主義が国民国家建設のテコとなっている。一方、人民共和国が目指すものは世界革命、人類解放であり、国家と民族の絶滅が社会主義革命の理念であった。

だが、それは所詮《しょせん》、理想と理念だけにとどまり、現実の世界では不可能だった。人民共和国の民族政策がいくら「大漢民族主義にも地方民族主義（非漢族の）にも反対」という民族政策を掲げ、世界革命から国家滅却を目指しても、同じ社会主義国家の間でも中ソ国境戦争、中越国境戦争を避けられなかった。社会主義体制の崩壊の理由について、ソ連のノーベル文学賞受賞作家のソルジェニーツィンは、とうとう社会主義は民族と宗教には勝てなかった、とずばり喝《かっ》破《ぱ》している。

**習近平（1953〜）** 中華人民共和国の政治家。胡錦濤の後任として、2012年より第5代中国共産党中央委員会総書記、第6代中国共産党中央軍事委員会主席、2013年より第7代中華人民共和国主席、第4代中華人民共和国中央軍事委員会主席を務める。太子党の1人で、父は元国務院副総理の習仲勲。

六・四天安門事件以後の中国が「愛国

主義、民族主義」を国是とするのは民国への回帰となり、中華振興は中華帝国の復活を目指すものである。先祖返りを目指す江沢民、胡錦濤、習近平《しゅうきんぺい》三代の国造りは、この先いったいどうなるのだろうか。

**乾隆帝**（1711～1799）清の第6代皇帝。廟号は高宗。雍正帝の第4子。10回の外征を行い、清の版図を最大のものにした。文化的な興隆もあり、清の絶頂期として称えられるも、晩年政治を私物化し、老害とも言える状況を作った。

**愚公移山**　戦国時代の典籍『列子』にある伝説。毛沢東が演説の中で引用したため、有名になった。愚公という老人が自宅近くのこの山を邪魔に思い、家族総出で山を崩し始めた。それを見た人が「山を人力で崩せるはずがない」と批判すると、愚公は「山は増えないから、人間は子々孫々この事業をつづければ、いつかは山を移動できる」と自信満々に答えたという。

## ⑧経済成長と格差拡大の江沢民時代

九〇年代に入り、人民共和国はもっとも危機に瀕《ひん》した時期を迎えることになった。六・四天安門事件後、中国は欧米の経済制裁を受け、経済が停滞し、改革開放路線も一時的に頓挫《とんざ》してしまった。そして改革開放もこれで終わり、文革の自力更生の道を再びたどらざるをえないかと、鄧小平をはじめとする国家指導者たちは思っていた。ちょうどその頃、東欧やソ連が崩壊したこともあり、中国も亡党亡国の危機に立たされていた。いわゆる「蘇東波」の運命を想起させる社会主義体制崩壊の波が押し寄せていた。

社会主義体制の最終防衛を期して、一九九二年、鄧小平は南方視察の際に行った「南巡講話《なんじゅんこうわ》」で鶴の一声を挙げ、改革開放の加速という劇的な賭けに出た。

「改革開放は懐をもっと大きくし、大胆に試みる必要がある。纏足《てんそく》の女みたいではいけない」「改革開放で大きく足を踏み出せず突き進む勇気がないのは、とどのつまり資本主義のものが増え、資本主義の道を歩んでいるのではないかと恐れているからだ」

「われわれの頭脳が明晰《めいせき》であるかぎり恐れることはない。われわれは強みをもっている。国営大中型企業があり、郷鎮《ごうちん》企業がある。それより重要なのは政権をわれわれが握っていることだ」「計画経済が多いか、市場経済が多いかといったことでは、社会主義と資本主義の本質的な区別はできない。計画経済イコール社会主義ではなく、資本主義にも計画経済はある。計画経済と市場経済は共に経済手段である」

江沢民は鄧小平の講話を猿真似して、日米欧の経済学者に次のように説教した。「ただ資本主義の市場経済を知っているだけで、社会主義にも市場経済があることを知らなかった」

たしかに「社会主義にも市場経済がある」という江沢民の経済学について、ケインズをはじめとする経済学者は知らないだろう。これらは南巡講話の一部を引用したものだ。要約すれば、外資市場経済化を導入することで経済成長をいっそう加速させようと力説するものであった。

政治面では一党独裁を崩さず、共産党が権力を維持したまま、経済分野に資本主義の原理を導入することにより、中国は富国強兵になるというわけだ。

そして鄧小平は賭けに勝った。それ以後、中国の経済は加速的に高度成長をつづけ、社会主義革命政権は見事に勢いを盛り返し、生き残った。江沢民政権も一三年という異例の長期政権（主席としては一〇年）を維持した。

だが、貧富の格差の加速的な拡大、政治汚職、山河の崩壊、環境の悪化、農村の荒廃、社会道徳の退廃、青少年の精神異常・狂暴化、暴動の激化、軍国主義の抬頭、民心の離反……など負の遺産が今日に至るまで、ますます昂進《こうしん》していくのである。

**郷鎮企業**　県や特別市の末端自治区を郷鎮といい、人民公社解体後の中小企業を郷鎮企業という。

## ⑨江沢民が得た人民共和国の社会力学

皇帝の国である中国では、易姓革命によって皇帝が変わり、王朝が変わるだけではない。異常がなくなると社会までが大きく変わることは、よく知られる。これは社会の鉄則のようなものだから、毛沢東以後の鄧小平後の中国はああである、こうであると、よくテーマとして論議され、予想されている。

鄧小平の時代は、鄧小平がただ一人の改革開放の総設計師として、文革後の中国を動かしていた。江沢民の時代になり、健康の問題もあって鄧小平は第一線を退いたものの、隠然たる力を残している。たとえば朱鎔基《しゅようき》を総理として抜擢《ばってき》することについては、鄧小平の三女の鄧榕《とうよう》が朱鎔基に面接し、合格してから父に報告、最後に鄧小平が首を縦に振って起用が決まるという具合だった。

毛沢東は意中の後継者をすべて斬り捨てた。鄧小平も胡耀邦と趙紫陽二人の腹心まで斬ったので、江沢民も鄧小平の気持ちがいつ変わるか安心できない。だから鄧小平の健康問題をチェックしながら、先手を打たなければならない。

**朱鎔基（1928〜）** 中華人民共和国の政治家。第5代国務院総理、第14期・第15期中国共産党中央政治局常務委員などを務めた。毛沢東の大躍進政策を批判して左遷。復権後、鄧小平に行政能力と実行力を評価され、抜擢される。総理就任後、国有企業改革・金融改革・政府機構改革に着手した。

鄧一族の黄金時代は六・四天安門時代の前後で、一時、国民党時代の蔣介石、孔祥熙《こうしょうき》、宋子文《そうしぶん》、陳果夫《ちんかふ》・立夫《りつふ》兄弟の四大家族に代わって新四大家族となって、社会主義史上最大の富豪になったものの、やがて江沢民時代になると、上海幇《ぱん》の力が強くなり、一族は江沢民につぶされる。太子党の樸方、質《しつ》方《ほう》らがつぶされ、鄧一族は鄧小平の死後、消えてしまった。鄧小平の妻は自殺をはかって抗議したものの、もはや誰も相手にしてくれなかった。それも中国の歴史の鉄則である。平家の栄枯盛衰《えいこせいすい》とあまり変わりはない。

改革開放後、葉剣英元帥をかしらとする広東王国は経済特区としてわが世の春を謳歌《おうか》していた。たとえば深圳《しんせん》のように、人口数万人しかいなかった一寒村が、ベルリンの壁のごとく四周を囲いこまれ、外資と技術を導入しただけで、二十余年のうちに中国でもっとも先進的な新興都市に生まれ変わり、人口も一〇〇倍、二〇〇倍へと膨らんでいく。だから不公平是正の声は、上海だけでなく東北でも四川でも、全国各地で響き渡っていた。

「南巡講話」をきっかけに、ヒト、モノ、カネが広州など東南沿海から上海に流れ、上海幇の抬頭とともに中国は上海人の上海人による上海人のための中国となった。そのため二千余年前の呉越の争いの怨念《おんねん》が再燃して、越人の広東がつぶされ、昇龍上海が北京幇のボス陳希同《ちんきどう》をつぶさなければ、上海幇はつぶされる。上海幇が大量に北京市中南海に流れこんだのは、鄧一族が没落してからである。人民共和国建国以来、共産党は内訌《ないこう》（うちわもめ）で乱れに乱れ、国家指導部の粛清が五年ごとに繰り返され、路線も頻繁に左右に揺れ動き、「中国の振り子」と呼ばれる時代がつづいていた。社会が安定しないかぎり近代経済は確立できない。中国経済の高度成長もこの「中国の振り子」が止まってから現れたものである。

**孔祥熙**（1880～1967）中華民国の財政家。南京国民政府で財政部長、行政院長を務めた。妻・宋靄齢を通じて宋子文や孫文、蒋介石とは姻戚関係。陳果夫を含めた４人は四大家族と呼ばれた。長期にわたって国民政府の財政部門を担当した。

**宋子文**（１８９４〜１９７１）中華民国の政治家、実業家。宋家三姉妹として知られる宋慶齢・宋靄齢・宋美齢は、実の姉妹。国民党の北伐成功後は、国民政府委員や財政部長、中央銀行総裁といった職を歴任する南京国民政府の重鎮となる。

**陳果夫**（１８９２〜１９５１）中華民国の政治家。党内の右派であった。叔父の陳其美は元蒋介石の親分、上海マフィアのボス。蒋介石と密接な関係にあり、重用された。国民党内の組織と党務を担当し、「二陳」「ＣＣ系」と称された。

**陳立夫**（１８９９〜２００１）中華民国の政治家。兄の陳果夫とともに国民党内派閥の１つである、党内支配、特務諜報活動の方面で権力を振るった「ＣＣ系」の指導者として知られる。

**陳希同**（１９３０〜２０１３）中華人民共和国の政治家。汚職の疑惑がかけられ、１９９５年中央政治局委員・中央委員の職務を解かれ、全人代の職務を罷免。１９９８年、汚職と職務怠慢で懲役16年。長城公司事件と呼ばれる。失脚は「北京独立王国」をつぶす政争に敗北した結果だったという見解が一般的である。

## ⑩反日で生き残った江沢民の中国

八〇年代後半から中国、韓国は「反日国家」として日本人の間でイメージが定着している。だが、日中関係の歴史はもし遣隋使の時代から数えれば約一五〇〇年、さらにさかのぼって「漢委奴国王《かんのわのなのこくおう》」の時代からなら約二〇〇〇年にも上る。

少なくとも明の時代以前の中華帝国の時代は、日本と朝鮮は同じ穴の貉《むじな》として東夷、夷狄と呼ばれ、禽獣《きんじゅう》と蔑視《べっし》された時代が長かった。少なくとも約一〇〇〇年にもわたる時代を「蔑日の時代」と称することができる。それが明の後期に入ってから、倭寇《わこう》が大陸から恐れられ、北のタタール人とともに「北虜南倭《ほくりょなんわ》」と称され、明人にとっては脅威だった時代があった。

近代になってから日中間の行き違いがあっても、日清戦争まで、日中はずっと対立していたのではない。清の戊戌維新や立憲運動を日本に学び、対する日本も「支那覚醒」「支那保全」を唱え、互いに「兄弟の邦」に近い時代もあった。

民国以後の中国はやがて反日、排日、抗日、仇日のイメージが強まったが、支那革命から民国内戦、日中戦争の時代にいたるまで、中国が政府乱立と内戦の渦中にあっても決して抗日、反日一辺倒ではなかった。段祺瑞《だんきずい》政府、張作霖《ちょうさくりん》政府から汪兆銘《おうちょうめい》政府の時代には、重慶政府や延安政府以外には、反日政府は数えるほどしかなかった。日中間の本格的な戦争は約一年余りで終わってしまう。以後は南京、重慶、延安三政府の代理戦争や内戦の性格が強かった。

人民共和国以後の中国にとって日本はせいぜい米帝の「走狗」としてしか眼中になかった。文革後の胡燿邦は中国近現代史上もっとも親日的な人物として見るべきで、その明るさは中国近現代史の人物の中で肩を並べるものはなかった。

六・四天安門事件後、欧米から自国民を虐殺するような政府には未来はないと経済制裁を受けることになったが、鄧小平はもしそれによって中国が崩壊でもしたら、数億単位の人間が国外に流出し、迷惑を蒙《こうむ》るのは周辺諸国ではないのか、それでもよいのかと恫喝《どうかつ》に出た。

中国がもっとも孤立無援であるときに、唯一手を差し伸べたのは日本だった。その日本人独特の思いやりも日本人の弱味の一つである。日本人には、中国文学の父魯迅《ろじん》が「打落水狗」（水に落ちた犬を棒で叩くこと。泣きっ面に蜂）と指摘した中国人特有の考えは少ない。むしろ思いやりの心が強く判官びいきの心情も強い。だから、つねにゆすりたかりのカモにされるのだ。

アメリカもソ連も二〇世紀以後、軍事的・経済的など対中援助でさんざん中国に利用されてきたものの、一方的な都合で反米、反ソを使い分ける中国のしたたかさによって食い物にされてきた。

**魯迅（1881〜1936）** 小説家、翻訳家、思想家。本名は周樹人。弟に文学者・日本文化研究者の周作人、生物学者の周建人がいる。代表作に『阿Q正伝』、『狂人日記』など。文筆活動を本格化させると同時に北京大学などで非常勤講師として中国小説史の講義を担当した。

中国は内部矛盾が渦巻く国で、外敵をつくってテコにしないと国としては成り立たない。だが、反米も反ソも歴史経験からすればきわめて不利益で、反日こそ得だらけということに気づき、反日が国内問題処理の原則となった。少なくとも胡燿邦を憤死させる貴重な内部権力闘争の前例がある。

中国の発言一つで日本はすぐパブロ

フの犬のように条件反射的に「反省と謝罪」を繰り返す。しかも「中国が怒るか怒らないか」と中国の顔色を窺って、日本の外交政策まで行っているので、日本に対するゆすりたかりは赤子の手をひねるようなものだった。

九〇年代の江沢民時代は国内的には上海幇をつくった時代といえ、対外的には反日をテコに社会主義体制の最終防衛に専念し、反日で生き残ったのだ。

**段祺瑞**（1865〜1936）清末民初の軍人・政治家。袁世凱の新建陸軍で近代化を担った。馮国璋・王士珍とともに「北洋の三傑」と称された。袁世凱が死去すると、北京政府の事実上の指導者となった。日本との関係修復に務めたが、一度は下野。その後、張作霖の支持を受けて北京臨時政府の執政に就任。反日運動を行う学生らを弾圧するなどして政府内から反発を受けてふたたび下野。

**張作霖**（1875〜1928）中華民国初期の政治家。北洋軍閥の流れを汲む奉天派の総帥。満州の統治者。張学良らの父。蔣介石の北伐を受け、敗れて本拠地奉天に戻る途中の列車を爆破されて死去。

## ⑪「先富起来」のつけに振り回される胡錦濤の一〇年

上海幇の天下は江沢民の時代の幕引きとともに格差の拡大というつけを残して終焉《しゅうえん》を告げ、四代目の革命政権、胡錦濤、温家宝《おんかほう》体制の時代へと変わっていく。

「先富起来」（できる者から先に富を築く）というスローガンは、社会主義の「平等」の原理原則とは異なる「社会主義市場経済」の新原則ともいえる。「先富起来」が可能なのは、決して「人民」と称されるすべての者ではない。「太子党」といわれる党、政、軍幹部やその一族のほうが、「盲流《マンリウ》」「民工」と呼ばれる農村からの出稼ぎ労働者よりは可能性がはるかに高い。いや天と地の差がある。そこで、改革開放の勝ち組と負け組が出てくる。そこから生まれた経済的な格差は貧富の格差でもあり、地域と地域だけでなく、都市と農村、都市内部における格差も出ている。

江沢民はこのさまざまな格差を残し、党中央軍事委員会主席の座、つまり軍権のみを手放さないまま胡錦濤にバトンタッチした。とはいっても、胡錦濤の時代になると、いくら党、政、軍三権を牛耳っても、いつも権力で問題が解決できるわけではなくなる。神通力でさえどうにもできない問題もある。

たとえば三農問題（農業、農村、農民）は、九重苦に喘《あえ》ぐ、すでに生態学的な問題となっている。胡錦濤が七年以内や数年以内に解決すると公言しても、誰にも解決することは不可能であ

**温家宝（1942〜）**中華人民共和国の政治家。第6代国務院総理、第16期・第17期中国共産党中央政治局常務委員。中国共産党の第4世代では最高指導者の胡錦濤とともに重要な位置を占め、党内序列は第3位であった。特権階級であるが中国内外において庶民的な人物というイメージを持たれていた。

る。

農民が「盲流《マンリウ》」となって、数億人が都市に流れ込んできたが、太平天国の乱を最後に農民はすでに「棄民」となって、もはや易姓革命の主役となる時代はすでに過ぎていた。

政治腐敗のシンボルである官僚や党幹部の不正や汚職、賄賂《わいろ》は、中華文明の文化要素の一つであり、伝統文化の一つでもある。それを追放することは文明の自殺ともいえる。甘いところにアリがつく。中国では賄賂が貢品とみなされ、賄賂さえもらえない人間は尊敬されない。地位が低い人間のクズとみなされるからだ。賄賂があるところに有能な人材が集まる。賄賂ができなくなると、官僚が逃げ出し、政権が崩壊してしまう。だから、中華の伝統文化を守るには、役人の汚職について口に出して言うべきではない。今現在、党幹部、政府高官の家族はぞくぞくと祖国から大脱走していても、「裸官」といわれるものは、国内に残ってあの手この手で国富を私富に変えていくのだ。

上海幇に食い荒らされる中国は、さまざまなツケを残してもなおも食い逃げはしていない。数字から見て、匪賊一〇〇〇万人、乞食二〇〇〇万人、売春婦三〇〇〇万人、黒道（チャイナマフィア）四〇〇〇万～五〇〇〇万人が残り、しかも年とともに増えつつある。

胡錦濤が当初、中国の脅威を解消するために「平和興起」をスローガンにした際、すぐ軍から異議をつきつけられ、軍権を剝奪《はくだつ》されるのではという憶測までとんだ。軍から待ったをかけられた後、やはり中国伝来の「富国強兵」の路線に修正、回帰せざるをえなかった。

## ⑫反日愛国暴走族の狂奔

六・四天安門事件を契機に、中国は「愛国主義、民族主義、中華振興」の政策に大転換し、江沢民の時代に入って「反日」青少年の育成に専念した。その成果として、ネット世代のいわゆる「憤青《ふんせい》」（ネット右翼）の登場とネット反日、そしてハッキングなどのサイバー攻撃へとエスカレートしていく。反日デモ現象が街頭に現れたのは、二〇〇四年秋のサッカー・アジアカップで、翌二〇〇五年春の上海での大規模な反日愛国デモは、日本はもとより世界中の関心を集めた。反日デモを裏であやつるのはいったい上海幇か団派かあるいは双方か、なおも明確ではないにしても、官制と考えるのが常識である。

誰もが納得がいかないのは、なぜ中国は今でも反日をやめないのかということだ。過去の日中戦争が原因だとする中国の主張を真に受けても、すでに七〇年近くも前のことである。祖父の代以前のことだ。同じことと比べてみても、英、仏、独の間でも過去二度にわたる大戦があった。日米の戦争は日中に比べ、より本格的な戦争だった。日中戦争は実質的には日本が中国内戦に対する加担と道義的、人道的介入が歴史の真実だった。

日本も戦後、むしろ中国以上に敗戦でこうむった損失は大きかった。不満ならばむしろ日本のほうが多々ある。それでも日本は忍びに忍んで、逆に反省、謝罪を繰り返した。しかし、和解とは相手にもその気があってはじめて成り立つもので、一方的に謝るだけでは何の意味もない。

冷静に客観的に考えて、「反日」の理由は日本の「過去」に問題があるよりも中国の「現在」にある。人民共和国以後、日本は対米追随《ついずい》とまでいわれている反共国家だが、日中友好は文革後もつづいている。そして日本は改革開放を支援し、中でもよく知られるのがODAの対中援助である。

三代目の江沢民政権は毛沢東、鄧小平の先代革命政権とはちがって、なおも革命政権にしがみつき、民意を問うシステムさえ確立できない。前代と比べ、権力のあり方についての正当性がないので、反日をテコにプロレタリア独裁政権を守らなければならない。党内で権力を確立するにはやはり反日が欠かせない。胡耀邦の憤死も内訌の結果である。胡錦濤政権が四代目の革命政権として、江沢民政権の反日戦略と国是を受け継がざるをえなかったのは、村山史観を日本のその後の歴代首相が受け継がざるをえないことと似ている。「反日有理」「愛国無罪」という建前やお墨付きさえあれば、略奪、暴行も無罪になる。この憤怒《ふんぬ》こそ革命政権の正統性を守る精神的風土ではないだろうか。

## ⑬亡党亡国の悪夢にうなされる革命後世代

文革終結後、経済が崩壊しただけでなく、政府も瓦解《がかい》し、党は滅亡寸前、最後に残っているのは軍ぐらいのものだった。

走資派、実権派は毛沢東の死後次から次へと復活したものの、恐れていたのは、自由化、民主化の波だった。最終的に鄧小平は六・四天安門事件に対し武力鎮圧を決断し、逆襲に出た。民主化勢力は鎮圧されたものの、鄧小平は相変わらず亡党亡国の悪夢にうなされていた。鄧の不安は欧米から経済制裁されるという以外には、ソ連・東欧崩壊の波が中国に波及して道連れとなることだった。

鄧の「南巡講話」後、中国が高度経済成長期に入っていても、党の腐敗は経済の成長とともに深刻化し、民よりも党の危機のほうが問題視されている。中国指導部の中で左派も右派も関係なく、全中国共産党員が多かれ少なかれ感じている。

江沢民ら主流派のほか、抵抗勢力であった宋平《そうへい》や楊白氷《ようはくひょう》らも同様であった。ことに胡・温体制になってからは、その頂点に立つ胡錦濤も温家宝も亡党亡国の危機にうなされつづけている。

党長老の一人で左派のボスである宋平はかつて「現在の共産党における腐敗は、新中国を崩壊させる可能性があり、一三億の人民に亡国の災難を与えることになる。すでに共産党の腐敗によって人民大衆の向上心は失われている」と述べた。

さらに二〇〇五年五月、党中央宣伝部理論工作座談会の席で、「もしこのまま党と社会状況に変化がなければ、第四代指導者の時代には亡党亡国の末路を避けることはできない」と厳しく批判している。胡錦濤は党、政関係の講話の中で、よくこういう例をあげる。「もしわれわれが亡党亡国の危機にあるなら、それは党の内部から起こる危機だろう」「ソ連の寿命は七四年で終わったが、ひょっとしたらわれわれは七〇歳までもたないかもしれない」

二〇〇三年の党中央政治局会議で「国家に政治的危機が発生したら、その原因は絶対に党内にある。もっとも緊迫した矛盾、危機は党内にある」と述べている。胡錦濤本人だけでなく、胡を抜擢した宋平も亡党は党内から起こると問題を指摘している。

江沢民の時代から共産党を「階級の党」から「全民の党」へと変え、資本家の入党も認められるようになった。党員は拡大の一途をたどり、すでに八〇〇〇万人を超え、やがて党長老陳雲の長男、陳元《ちんげん》の提言で党員を一億人まで拡大したら「永遠不滅」になるという構想もあった。だが、いくら人数を増やしても、結果として党内の矛盾、汚職腐敗、下部組織の有名無実化がますます進み、チャイナマフィア集団化しつつある。二〇〇四年には農村や都市部における党の基層組織や大学などの党下部組織の八〇〜九〇%が機能していない。その中、軍幹部が抬頭し、軍国主義へと変質しつつある。

中国共産党「八老」（八大長老）の最後の一人として二〇〇七年一月一五日に死去した薄一《はくいっ》波《ぱ》は、その遺書の中で、一〇回も「亡党亡国」について触れた。また十大元帥、十大将軍の最後の一人として二〇〇六年一一月二〇日に死去した洪学智《こうがくち》上将も「腐敗が根治しないかぎり、必ず人民による革命が起こる」との遺言を残している。

**宋平**（１９１７〜）中華人民共和国の政治家。国共内戦が始まるまでの間、周恩来の秘書。第一書記時代に胡錦濤、温家宝ら30代の若手を庁長クラスに抜擢。国家計画委員会主任（大臣級）に昇格し、国務委員を兼任。中央政治局常務委員に昇格。１９９２年、引退。

**楊白冰**（１９２０〜２０１３）中華人民共和国の軍人、政治家。中国人民解放軍総政治部主任、中国共産党中央軍事委員会秘書長、中国共産党中央政治局委員などを務めた。最終階級は上将。第4代中華人民共和国主席を務めた楊尚昆は兄。

**薄一波**（１９０８〜２００７）中華人民共和国の政治家。国務院副総理、中国共産党中央顧問委員会副主任などを務めた。中共八大元老の一人。「六十一人叛徒集団事件」（薄一波、安子文ら61人の自首変節に関する資料）で一度は失脚するも名誉回復。元重慶市党委書記の薄熙来は次男。

**洪学智**（１９１３〜２００６）中華人民共和国の軍人・政治家。中国人民政治協商会議副主席。１９２９年に中国共産党に入党。長征、朝鮮戦争に参加し、55年上将に昇格。人民解放軍の総後勤部長、中央軍事委員会の副秘書長などを歴任。89年天安門事件の際、武力行使に消極的だったと伝えられ一時失脚説が流れた。

## ⑭習近平時代のチャイナ・ドリーム

二〇一二年一一月一五日に第一八回共産党中央委員会全体会議（中全会）が開かれ、習近平《しゅうきんぺい》が新しい総書記に選出された。

人民共和国五代目の革命政権が正式に決まり、翌年春を待って四代目の胡錦濤と正式に交替して、習近平・李克強《りこっきょう》体制がスタートということになる。

三代目、四代目の革命政権と若干異なるのは、江沢民政権がスタートした当時、鄧小平が党中央軍事委員会のポストを牛耳ったまま江にわたさなかったことだ。江も鄧のやり方を踏襲して、政権交替の際、軍権だけは胡にわたさなかった。胡錦濤はあっさりと党、政、軍三権を習近平にわたし、引退した。

三代目以降の革命政権は毛沢東、鄧小平時代とはちがって、権威と権力に雲泥の差が出てくるのはいうまでもない。三代から四代、五代目の革命政権が権威と権力を牛耳るためには、党、政、軍三権の独占が必須不可欠の条件となり、補強の条件にもなる。

毛沢東は正式ではないものの華国鋒を後継者と指名したが、鄧の時代になると消えてしまった。鄧は胡耀邦、趙紫陽を後継者として育てたが成功しなかった。鄧は三代目の江沢民、さらに四代目の胡錦濤まで指名（いわゆる「隔代指名」）したが、江沢民と胡錦濤は次代指名、さらに次の次の代の指名ができなかったことは、初代の毛沢東や次代の鄧小平に比べ、力の差が歴然としている。

三代目の革命政権が党中央委員会政治局、党委員会の集団指導体制になっていることもたしかである。皇帝の権力は弱くなっている。

習近平時代は、四代目、三代目よりやりやすい条件もある。少なくとも、「八老治国」といわれたような「長老政治」は影をひそめている。太子党の習近平が団派の李克強に競り勝った後に、ダークホース・薄来熙《はくきらい》重慶市党書記が後継レースに参入し、一時脅威となったものの、やがて排除され、習はほぼ無風状態でスタートを切ったともいえる。

二〇一三年春の政権交替の際、胡錦濤は「海の強国」を目指すと国是を語り、全人代（全国人民代表大会）の開幕式で、習近平も「中華民族の偉大な

**李克強（1955〜）**中華人民共和国の政治家。第7代国務院総理、第17期・第18期中国共産党中央政治局常務委員。胡錦濤と同じく中国共産主義青年団（共青団）出身。習近平とともに、中国共産党第5世代の指導者の一人と目されている。

る復興という中国の夢を実現する」と強調、「中国の夢」に九回も言及して熱っぽく訴えた。

たしかに富国強兵は一九世紀以来の「中華振興」の夢にはちがいない。「中国の夢」と「人類の夢」はちがうと、私は中国人の民主活動家に明言したことがある。いわゆる「中国の夢」とはただ中国共産党の夢、せいぜい習近平の夢だけだと彼らが弁明したのだ。彼らは、「それはわれわれの夢とはちがう。われわれは富国強兵よりも民主と自由だ」と弁明したが、中華の夢は有史以来、人類の夢とはちがうものだ。それぞれの夢があってもだ。

たしかにチャイナ・ドリームはただ中国共産党だけの夢ではない。一三億の夢も党の夢として集中的に表すことができない。だが、中国が存在する以上、いかなる国体も政体も政権も個人の夢が花を開くことのできない社会のしくみになっていると私は断言する。

中国の夢がかりに「習李体制」だけの夢にとどまるならば、それははかない夢に終わってしまうだろう。近現代の中国人はただ獏《ばく》のように夢を食って生きているだけだ。

グローバルな視点から、「五代目皇帝」の習近平は以下のカベを絶対乗り越えられないと断言する。

一、人口、資源、環境など政治や国家を超える問題について大国としての国際責任や貢献を果たしたい場合は、従来の「愛国主義、民族主義、中華振興」の国是国策を修正せざるをえない。習李体制にはその能力も条件もない。

二、人民共和国の社会主義革命政権が成立してからすでに六〇年以上も経ち、次代皇帝の欽定制度はほぼ確立したにしても、民意を問うシステムが確立しないかぎり、次代皇帝としての正統性と正当性はきわめて弱い。太子党政権は、かりに「権貴」という大義名分に固執する毛沢東主義者の擁護は得られない。いくら安定が何よりも最優先と強調しても、安定は得られない。

三、中国の経済成長はすでに二〇〇七年をピークに峠《とうげ》を越えている。これからの中国はかりに日本のような「失われた二〇年」を回避できても、国家指導者の交替だけでは改革開放から生まれたひずみである格差、汚職、日本以上に深刻化する少子高齢化、社会の劣化などますます昂進する難題を解決することはできない。

## ⑮諧謔から激動の人民共和国を見る

近現代の中国は、激動激変の中国という一言につきる。それは時代とともに昂進《こうしん》している。清末だけでなく、民国も、さらに人民共和国の時代に入ると、いっそう運動につぐ運動、革命につぐ革命へと激動しつづけていく。政治については路線の変化は「中国の振り子」といわれ、改革開放後の社会の様変わりは、「一年一個様五年不一様」（毎年が変わり、五年になるとまったく異なってしまう）から「一年一個様、毎年不一様」（毎年様変わりしていく）という俗諺《ぞくげん》が象徴的だ。

もともと中国は建前の国で、建前と本音がちがうのがほとんどである。教育はもっぱら「四書五経」などの経典の暗誦《あんしょう》に終始してしまうのも教育の主旨は道学の士を育てることにあり、ジョークやユーモアを口にするのは軽率軽薄な輩と思われる。

政府がたいてい建前、民間は俚諺《りげん》や諧謔《かいぎゃく》で本音を伝えるのが一般的で、中国の真実を知るのは、むしろ学者の高論卓説やら、なかなか真相不明か、確認できない数字のほうよりも俗諺《ぞくげん》のほうがよくその本音を表している。

では、人民共和国史の真実というよりも、民間人の眼から見たその社会主義社会の様変わり、あるいは感想とはいったいどういうものだろうか。

## ■時代はもう違う

二〇年代　同郷人同士（老郷）が会うと、目に涙を浮かべた
三〇年代　同郷人同士が会うと、互いに助け合い飢饉《ききん》をしのいだ
四〇年代　同郷人同士が会うと、ともに銃をかついで抗日のために戦った

五〇年代　同郷人同士が会うと、力を合わせて大錬鋼運動に尽くした
六〇年代　同郷人同士が会うと、立場が異なっていた
七〇年代　同郷人同士が会うと、みな局長になっていた
八〇年代　同郷人同士が会うと、すべて下海して商人となっていた
九〇年代　同郷人同士が会うと、お互い騙し合って話をする余地もない
二〇〇〇年代　同郷人同士が会うと、訴訟で忙しがっている

中国では「老郷」といえば、地縁的な絆《きずな》の強い友人、または老同事《ラオトンシー》として互いに尊重しあうのが一般的だ。しかし、改革開放後になると「一年一個様、五年不一様」という俗語ができるほど、社会は激変してしまい、中国社会は大きく変わっていった。この変革期にさまざまな戯《ざ》れ言《ごと》が登場した。そのいくつかを紹介しよう。

五〇年代　人を愛した
六〇年代　人を恨んだ
七〇年代　人を圧迫した
八〇年代　人を欺いた

九〇年代　人は人を喰っている

五〇年代　幹部の両手は空っぽ
六〇年代　幹部は猪突猛進《ちょとつ》
七〇年代　幹部は唯々諾々《いいだくだく》
八〇年代　幹部は百万長者
九〇年代　幹部は道楽三昧《ざんまい》

五〇年代大有作為　　五〇年代はやり遂げたことがある
六〇年代難有作為　　六〇年代はむずかしくてなかなかやり遂げられない
七〇年代無所作為　　七〇年代はやることがない
八〇年代胡作非為　　八〇年代はでたらめにやる
九〇年代為所欲為　　九〇年代はやりたい放題

## ⑯諧謔が語る激変の社会

中国人社会も人物像も、語ることや理解するのには、むずかしい。昨日の聖人や帝王が、今日には悪逆非道の逆賊になることもよくある。

文革中に「万能の神」とまで祭りあげられた毛沢東は改革開放後に、金箔《きんぱく》はどこまで剝《は》げたのか、以下の俚諺がそれを物語る。国歌まで変わってしまったのだ。

■**東方紅の新詞**

東方紅太陽昏　　東方は紅に染まり太陽はくもる
中国出了個江沢民　　中国には江沢民が生まれた
沙暴傾天洪濤滾　　黄砂が天を覆い洪水は地に湧《わ》く
他是人民的大災星　　彼は人民にとって大きな禍の星
東方紅太陽昏　　東方は紅に染まり太陽はくもる
中国出了個江「人民」　　中国には江「人民」が生まれた
失業両億他不管　　二億の失業者も彼は見向きもせず

他是人民的大災星
東方紅太陽昏
中国出了個江「先進」
貪官遍地黒匪行
他是人民的大災星
東方紅太陽昏
中国出了個江「黒心」
誣陥「法輪」欺良善
他是人民的大災星

■新東方紅民謡

東方紅太陽昏
中国死了個毛沢東
他為自己謀性福《シンフウ》
呼爾嗨呀
他是我們的大災星

彼は人民にとって大きな禍の星
東方は紅に染まり太陽はくもる
中国には江の「先進」が生まれた
貪官があふれヤクザや匪賊が跋扈《ばっこ》している
彼は人民にとって大きな禍の星
東方は紅に染まり太陽はくもる
中国には江の「邪心」が生まれた
法輪功を陥れ善良の民を欺く
彼は人民にとって大きな禍の星

東方は紅に染まり太陽はくもる
中国には毛沢東がいなくなった
彼は自分のために「性福」を謀った
フウハイア
彼はわれわれの災いの星

鄧小平殺人民
他是閻王的帯路人
為了保住独裁位
呼爾嗨謫呀
唆使軍隊屠北京
共産党王八蛋
搞到那裏乱
哪裏有了共産党
呼爾嗨呀
那裏人民就遭殃

鄧小平は人民を殺した
彼は閻魔《えんま》大魔王の道案内人
独裁者の地位を保つために
フウハイア
軍隊をそそのかして北京を屠《ほふ》る
共産党のバカヤロー
どこまでやってもそこで必ず乱れる
どこかに共産党があれば
フウハイア
あそこの人民はまた禍を被《こうむ》っている

「性福」とは「セックスの幸せ」という意味で、「幸福《シンフウ》」と同じ発音である。
「東方紅」のオリジナルの歌は、次のような歌詞である。

## ■東方紅

1　東方紅、太陽昇　　東方は紅い、太陽が昇った

中国出了個毛沢東。　中国には毛沢東が現れた
他為人民謀幸福、　彼は人民の幸福を謀った
呼児咳呀　(掛け声)　フーアルアイヨー
他是人民大救星。　彼は人民の偉大な救いの星

2 毛主席、愛人民、　毛主席は人民を愛する
他是我們的帯路人　彼は私たちの道先案内人
為了建設新中国、　新中国建設のため
呼児咳呀、　(掛け声)　フーアルアイヨー
領導我們向前進。　私たちを前進へと導く

3 共産党、像太陽、　共産党は太陽のようだ
照到哪里哪里亮。　いたる所を明るく照らす
哪里有了共産党、　共産党がいるところはどこでも
呼児咳呀、　(掛け声)　フーアルアイヨー
哪里人民得解放。　人民は解放される

文革中の一時は、国歌にするかもしれないという噂もあったが、日本の左翼的文化人、中国

礼賛者の間でも流行っていた。その人たちにとって、この替え歌は、さぞ名状しがたい感慨を誘うことだろう。

**■新・義勇軍行進曲**

銭来！
不願做貧窮的奴隷
把我們的欲望
築成我們新的銭城！
共産党員　到了
最要銭的時候
毎個党員被迫発出最後的呼叫
銭来　銭来　銭来
我們万衆一心
跟著党中央領導
銭進
跟著党中央領導

銭よ来い！
貧窮した奴隷にはなりたくないものよ
われらの欲望で築こう
新たな銭城（銭の長城）を！
共産党員がここまで来た
もっとも銭が欲しいときに
一人一人の党員が最後の叫びを強いられた
銭よ来い、銭よ来い、銭よ来い
われわれはみんな心を一つにして
党中央の指導者について行こう
銭よ、進め
党中央の指導者について行こう

銭進、銭進進！　　　銭よ進め、もっと進め！

これは、中華人民共和国の国歌をもじった替え歌である。もともとの歌詞は、以下のようなものである。

**■義勇軍行進曲**

起来！　不願做奴隷的人們！　　　起ちあがれ！　奴隷となることを望まぬ人々よ！
把我們的血肉、築成我們新的長城！　　　われらの血肉を以て新たなる長城を築こう！
中華民族到了最危険的時候、　　　中華民族に最大の危機が迫り
毎個人被迫着発出最後的吼声。　　　一人一人が最後の咆哮《ほうこう》をあげるときだ
起来！　起来！　　　起て！　起て！　起ちあがれ！
我們万衆一心、　　　われわれすべてが心を一つにして
冒着敵人的炮火、前進！　　　敵の砲火をついて進め！
冒着敵人的炮火、前進！　　　敵の砲火をついて進め！
前進！　前進！　進！　　　進め！　進め！　進め！

（作詞：田漢、作曲：聶耳。一九三五年作。四九年中華人民共和国の正式国歌となった）

この歌では、「奴隷になりたくない人々よ、起ちあがれ」と冒頭で歌われている。つまり人民共和国の立国の目的というのは、奴隷解放なのだ。

中国の共産革命は、ソフトの面でもハードの面でも、実際的な農民革命というのは、農奴の解放だったといえる。ゆえに歴代王朝から人民共和国が成立する過程で起こった革命は、従来の易姓革命ではなくて奴隷解放なのだ、というわけである。しかし人民共和国の時代になって、農奴解放を唱えながら樹立された人民公社が本当に奴隷解放につながるものだったのか、ということも考えなくてはならない。

中国の伝統社会は、一般市民や農民にもそれなりの自由はあった。それは国家から見放された、いわゆる「中国的な自由」である。つまり「天高皇帝遠」（天高く皇帝が遠い）であるために、国家権力から疎遠でありかつ自由であることである。

しかし社会主義革命によって、国家権力は都市から農村へと浸透する。つまり「皇帝」の力は身近になって、人民を「人民公社」に押し込めていき、封建時代ですらあった人民の自由を完全に奪っていったのである。「土皇帝」が農村の隅々まで支配する時代ともなったのだ。「政治掛帥」（政治優先）のスローガンのもとに、政治に対する無関心層（ノンポリ）は批判の対象となり、すべての「単位」は党幹部に支配され、人民は移動の自由や流民になる自由さえも奪われてしまった。

現在の改革開放、経済繁栄の時代になって、人民公社が崩壊し、農民は解放されたが、行き場を失った農民たちは沿岸都市部に向かって「盲流」となった。古代中華帝国の流民の再来である。

社会主義中国は「世界革命」と「人類解放」を理想として掲げている。これは日本の進歩的文化人も同じだが、要するに戦後社会主義革命の最大のシンボルが世界革命と人類解放なのである。しかし、中国が掲げる「世界革命」は、マルクス・レーニン主義理念の延長として、中国流の革命、つまり易姓革命を世界的に拡大するというだけのことである。そして「人類解放」の思想には、じっさいには中華思想が入っているのだ。

一九六〇年代には、中国に限らず日本でも、当時の進歩的文化人、中国専門家、左翼学生にいたるまで、「義勇軍行進曲」を愛唱する者が少なくなかった。私も大学時代に教えてもらった。とはいうものの、今ではすでに「銭ゲバ行進曲」になってしまった。中国はすでに価値観の激変・激動の時代に入ってしまったのだ。

# 四章

# 万古不易の中国の夢

## ①二つの中華民国史から見た中国

近現代史を語るのに際し、グローバルの視点から見れば一九世紀が、列強の時代、植民地の時代とすれば、二〇世紀は、革命の時代、戦争の時代、体制崩壊の時代ともいえる。

二〇世紀は国内の革命戦争だけでなく、国家間の戦争も頻繁に起こっていた。革命や戦争の背後には、必ず体制の崩壊をもたらす要因があった。もちろんそれは一国にとどまらず、世界的規模で起こっている。時代背景、潮流の変化だけでなく、連鎖性さえ読み取れる。

二〇世紀初頭の日露戦争という日露両国家間の戦争だけでなく、二度にわたる世界大戦も起こった。その後も国共、朝鮮、ベトナムなど自国民の殺し合いとなった革命内戦をはじめ、イラン・イラク戦争、湾岸戦争とつづく。ことにアフリカは国家と民族がからみ、二一世紀までも紛争がつづく。

少なくとも、この一世紀の間、二〇世紀の初頭に、中・近世以来、天下を睥睨《へいげい》して来たユーラシア大陸の帝国、オスマン・トルコ帝国、ロシア帝国、清帝国はそろって国内革命によって崩壊した。中葉になると戦争に負けた植民地帝国も、勝った植民地宗主国も、「帝国崩壊」を避けられなかった。

世紀末には、ソ連・東欧社会主義体制の自壊が起こった。

なぜだろうか。その大国崩壊の潮流は二〇世紀の巨流となって、生存条件が時代の潮流に耐えられない超大国でさえ、押し流されてしまう世界の力学構造の変化としくみも読み取れる。

この時代の流れの中で、二〇世紀の中華世界でも四度にもわたって、国体や政体を変えざるをえなかった。

清帝国から中華民国、そして人民共和国。人民共和国も毛沢東の「社会主義」体制から鄧小平以後の「権貴《けんき》資本主義」体制へと実質的に変えざるをえなかった。本書一章から三章にいたるまで、すでにその世紀の歴史変化について、史実に基づいて語ってきている。

では、国体や政体が変わっても、なぜ国名のみそのままにしておくのだろうか。

それは決して中華人民共和国政府にかぎらず、中華帝国歴代王朝も、中華民国でさえも、ともかく「名」のみに重んじているからである。中国の古典に「羊頭狗肉《ようとうくにく》」の故事があるように、中華史観としては、すでに孔子の編とされている『春秋』の史観に「大義名分」を重んじ、司馬光の編である『資治通鑑《しじつがん》』も「正統主義」を重んじ、中国人は誰でも「万世一系」を夢にし、現実的には、それが不可能である以上、前王朝の後継国家や正統政府として、「正統主義」を守らなければならない。

極端な場合、中華人民共和国政府は、すでに毛沢東の時代から国連の国名は社会主義革命によって打倒された「中華民国」の名で、そのまま援用している。

もちろん、それは人民共和国政府にかぎらず、今現在台湾に居坐る中華民国政府も、中国大陸ですでに消えた国名を援用している。「名を正さん」とは「有名無実」でも「名」にしがみつくのが「恥の文化」の日本と「罪の文化」の西洋とはちがって、中国が「名の文化」とされる所以《ゆえん》でもある。

辛亥革命によって帝国から民国に変えたとたん、南京政府対北京政府の対峙をはじめ、各派各系の武装勢力が競い合って勝手に政府をつくり、政府対政府の対立と鼎立《ていりつ》、そして乱立がつづく。

もちろん、ことに列強の認知と国民の支援をえなければ、政府としての大義名分が成り立たない。各政府はいくら全中国人民を代表すると自称しても、現在の習近平政権にいたってさえ、民意を問うシステムの確立ができない。だから、国民時代に国内外からの政府の認知と支持は力に訴えるしかない。民国の内戦は総括的にいえば、南北軍閥の内戦から、国民党内戦、国共内戦へと時代とともに主役が変化していく。民国が成立してから約二〇年未満で四川省だけでも各武装勢力の武力対決が五〇〇回にものぼる。国民党内各政府、各実力者が戦争を繰りひろげられ、最大の山場である中原大戦は一三〇万人以上動員された。戦死者だけでも三〇万人以上にのぼる。

民国内戦の国際環境は、唐帝国の黄巣《こうす》の乱後の社会状況に似ている。東洋学の大家、宮崎市《いち》定《さだ》博士の、「中世民族主義」の抬頭と称せられる時代だった。

民国内戦が唐以後の五代十国の天下大乱以上のカオス状態に陥ったのは、兵器の発達以外には、民国の時代は匪賊《ひぞく》共和国と称されるように、「賊のいない山はなく、匪のいない湖はない」といわれるほどの匪賊社会だったからである。匪賊の数は推定二〇〇〇万人、各政府の総兵力の一〇倍にものぼる。軍と匪はどっちも完全に相手を消滅できなかった。匪賊はやがてルンペンプロレタリアとして、社会主義革命の主役となり、戦後の国共内戦に国民党軍が敗れ、民国が四〇歳未満で夭逝《ようせい》したのである。もちろん毛沢東の社会主義体制はもっと寿命は短く文革後、三〇歳未満で逝去《せいきょ》した。

中華世界の主宰者たる唯一の要件は手段を選ばず、内外の群雄に勝つのみだ。民衆からも国際からも国民を代表する正統なる政権・政府が認知されることである。それが中華の歴史の法則でもある。中華民国はいったい、いつごろ亡国したのか。民国の革命元老章炳麟《しょうへいりん》は、北京政府が蔣介石の率いる南京政府の国民革命軍に打倒された後、中華民国は亡国したという説以外に、袁世凱大総統が民国から帝国に国体変更した後亡国、人民共和国の成立後亡国などさまざまな説がある。

いずれにせよ、それはただの自己主張であって、統治者にとってはまったく関係がない。

民国百年を記念する拙著『辛亥民国一百騙』の中で、辛亥革命後の中国の中華民国を「前中華民国」、国共内戦後、中国から追われた後、蔣介石父子が台湾で自称した中華民国を「後中華民国」と区分している。

## ②台湾・中国対立の構図

そもそも台湾は多民族、多言語、多文化の島国である。原住民は山岳原住民と平地原住民に棲《す》み分《わ》け、従来、山岳原住民は十数、平地原住民も平埔《へいほ》族をはじめ、十数あるいは数十の部族に分けられていた。多民族社会としては、フィリピンやインドネシアなど海の東南アジアの社会構成と類似している。今現在も国家、民族、社会、文化に共有するアイデンティティはない。

倭寇《わこう》時代か大航海時代になってから、中国南方の漢系・百越系の移民が、この島に移住しはじめ、泉州語系、彰州語系の移民が陸から島に入り、その後に入ってきたのが客家《はっか》系移民だった。それにつづくのが日本人であった。戦後、日本の敗戦により、日本軍二〇万人、日本人居留民四〇万人計六〇万人がこの島から去り、代わりに中国大陸の役人、軍人、そして移民が入ってくる。ことに国共内戦後、蔣介石の敗残軍と難民がこの島に殺到、六〇〇万人の人口が八〇〇万人近くまでふくれあがり、中華民国の難民政権がつくられた。

台湾が世界史、あるいは東亜史に登場したのはほぼ蝦夷《えぞ》（北海道）と同時代で、大航海時代以後からである。

台湾四〇〇年史といわれても、四〇〇年未満で、最初の政権は、南部安平を拠点とするオランダ東インド会社であり、北部淡水を拠点とする呂宋《ルソン》からのスペイン人であった。やがてオランダから最後の倭寇　鄭《てい》氏三代、そして清王朝、日本、国民党政府と外来政権が、支配していたのは、台湾西部平原を中心とする一部にすぎなかった。台湾をはじめて統一したのは、第五代台湾総督の佐久間左馬太《さまた》大将が中部山岳の剽悍《ひょうかん》な原住民を征服してからである。

地理学、地政学から見ても台湾は東南アジアと東アジアの接点で、文化、文明史から見て中国大陸と文化要素の一部を共有していても、文明のしくみは日本と同じく、文化基層の重層性と多様性をもっている。陸のアジアよりも海のアジアに属している。

日本はすでに二〇〇〇年近くも前に、あるいはそれ以前に大陸や半島と物流や人流の歴史があったが、琉球も元寇後の明朝初期から中国との通交がはじまった。

では、台湾の東亜史や世界史への登場はなぜそれほど遅く、大航海時代に入ってからなのだろうか。その理由は多々ある。「瘴癘《しょうれい》の島」「化外《けがい》の地」さらに「荒蕪《こうぶ》の地」として忌避《きひ》されているということにもよる。

人民共和国政府の時代になってから中国がしきりに「台湾は古《いにしえ》より中国の絶対不可分の神

聖なる固有領土」だと主張を繰り返しているが、それは嘘だ。台湾は有史以来中国と絶対不可分の歴史はなかったというよりも、絶対並存・共存不可能な歴史しかなかった。

台湾がはじめて世界地図に描かれたのは、ポルトガル船のオランダ人乗組員によってであった。宋時代の「華夷図」に海南島が描かれてあっても台湾を知らなかった。中国は有史以来、海禁と陸禁がきびしかったので、はじめて台湾という海上の島を知ったのは倭寇の時代からであった。

オランダ人は、台湾海峡の澎湖《ほうこ》群島築城をめぐって明と争い、明のすすめで、台湾南部を領有した。オランダ人だけでなく、鄭氏三代も陸の清王朝と対立、対峙をつづけ、清が鄭氏の東寧王朝を滅ぼした後でも海禁と山禁をしき、台湾島民が「三年一小反、五年一大乱」と反乱がつづき、じっさい二年未満に一回の反乱を繰り返していた。日本時代も国民党政府の時代も「絶対不可分」だろうか、「不倶戴天」の仇敵として、有史以来対峙をつづける歴史しかなかった。

国共内戦の結果、国民党軍が敗れ、総統李宗仁《りそうじん》らがアメリカへ亡命した。実力者蔣介石をかしらとする国民党軍実力者は競って台湾に亡命した。蔣ははじめ駐米大使で知名度の高い文化人の胡適《こてき》博士に中華民国大総統への就任を要請したが、胡は蔣の従来のやり方と本心をよく知っているので、断った。本来蔣は国共内戦中にすでに下野、政界から離れたはずだった。

台湾に亡命した後、民国以来の怨敵《おんてき》だった閻錫山《えんしゃくざん》や白崇禧《はくすうき》らのライバルをおさえ、みずから総統復職を宣言した。後中華民国史は、そこからはじまり今日にいたっている。国際的には国連、ことに安保理事会常任理事国の議席をはじめ、「二つの中国」「一つの中国一つの台湾」など国家外交承認をめぐって「二つの中国問題」以外には、軍事的対立を含めて、東西冷戦もからみ、中台対立はつづいていた。

もちろん中台対立は複合的で、中国と台湾との政治・軍事・外交の対立以外には、台湾内部では、台湾人対中国人との対立が主軸となり、チベットやウイグル人と漢人との対立とは似ていても、民族、国家、文化をめぐる対立とは、それまた別次元の問題である。

**鄭氏三代**（1662〜1683）17世紀台湾の漢民族の政権。清朝への抵抗拠点を確保するために、鄭成功が台湾を制圧した。台湾ではじめて漢民族政権による統治が行われたが、清朝の攻撃によって政権は22年の短命に終わった。
**胡適**（1891〜1962）中華民国の学者・思想家・外交官。北京大学教授のち学長。アメリカ留学中、哲学者ジョン・デューイのもとでプラグマティズムを学ぶ。国民党を支持したため戦後は米国に亡命したのち、1957年に台湾に移住した。

## ③台湾問題は二一世紀に残る人類最大の課題

台湾の後中華民国政権は蔣介石・蔣経国の父子二代約四〇年だけで終わった。経国の異母弟緯国《いこく》と蔣経国一族の帝位相継はかなわなかった。だが、北朝鮮の王位継承は金日成《キムイルソン》・正日《ジョンイル》、正恩《ジョンウン》まで三代つづいている。そのちがいは歴史文化を語るのには、大中華と小中華とのちがい以外には、半島と大陸とのちがいもあることは見逃されない。半島には南と北との対立、対峙があり、台湾と中国との対立は地政学、生態学をも含めて、海と陸との対立以外には、国際政治などの国際法、国際力学からの国際環境の制約もある。

少なくとも有史以来、台湾と中国との歴史の歩みはまったくちがうので、台湾は琉球、日本列島以上に中国との交流が少なく、むしろ敵対的である。それは政治、軍事的だけでなく、文化・文明的にもそう変わりはない。

戦後、日本人が去り、代わりに中国人が大量に流入。台湾は疫病が流行り、経済も崩壊した。台湾元四万元が新台湾元一元とのデノミでやっと経済と生活を守った。中国人の大量流入によって、「黒天闇地」(世はまっ暗闇《くらやみ》)というのが、あの時代の嘆きだった。そこで起こったのが戦後台湾史最大の歴史記憶としての中国軍による台湾人大虐殺である。それは台湾人と中国人との文化摩擦と文明衝突から起こった民族の衝突だった。終戦当時、中華民国行政院(内閣)の公的数字では、台湾人一人あたりの平均電力使用量は中国大陸の二三三倍にもあたる。台湾はすでに日本時代の一九四〇年代に産業社会に入っているからである。

この近代化社会のちがいからの文化摩擦も読み取れる。もちろん、それは終戦当時とはかぎらず、今現在でも少なくとも台湾と中国とは、民度も、近代社会の成熟度も普遍的な価値の受容度も、中国とはまったく異なり、天と地との差である。

中国の伝統的な統治法は物理力がすべてを決めるのがしくみである。地方の有力者をすべて消してしまうのが掟である。はじめ中国政府は大正、昭和以来の台湾各界の指導者やオピニオンリーダーは五〇〇〇人だけを消す予定だったが、二・二八大虐殺は三万人ともいわれ、実数は推定の域を出ない。

蔣介石・経国の父子政権が台湾統治を遂行するためには、国民党と軍、警、そして公務員以外に特務、司法、教育、メディアを牛耳り、政治犯連誼会の発表では、いわゆる「白色恐怖」の時代に荒唐無稽《こうとうむけい》の罪で逮捕、処刑された政治犯などが十数万人にものぼる。その後、世界最長といわれる四〇年近くの「戒厳令」がつづいた。

台湾と中国との対立は、歴史的、宿命的とも言える。台湾は、オランダ時代、鄭成功《ていせいこう》一族時代、清王朝時代、日本時代、国民党政権時代、現代といった時代を経て歴史を積み重ねてきた。

この歴史の中で、台湾と中国が対立していなかった時代があっただろうか。それは時には辺境vs.中原、海vs.陸などといったかたちを取り、文明衝突や文化摩擦を繰り返してきた。台湾と中国は、こうしてずっと対立しつづけ、多くの悲劇を生んできたのである。

ことに、戦後の国民党による独裁支配と恐怖政治は、台湾人受難の時代として人々の記憶に深く刻まれることとなった。李登輝《りとうき》元総統は、このことを「台湾人として生まれた悲しみ」だと語ったことがある。そして、それ以来「出頭天」（解脱、解放）が台湾人共通の願望となった。

だが、蔣経国総統も歳には勝てなかった。アメリカ政府からの圧力もあり、本土派政党民進党の成立という政治環境の変化もあっただろう。

蔣経国の死去後、李登輝総統の代になると、民主化がすすめられ、国家元首総統の直接選挙が九六年から中国政府の「文攻武嚇」の中で行われ、李登輝が初代の民選総統、そして二〇〇〇年から陳水扁《ちんすいへん》、馬英九《まえいく》総統にいたっている。

戦後はすでに七〇年になんなんとしている。だから台湾と中国との対立の背後には、台湾人と中国人との対立がある。それを色分けして、総括的に九〇年代以後、中国人を藍（ブルー）、台湾人を緑（グリーン）と称し、「藍緑対立」がマスメディアだけでなく、日常用語にも語られている。それは日本にも中国にもない台湾から生まれた「新造語」である。

**李登輝**（1923〜）中華民国の政治家・農業経済学者。中華民国の歴史上はじめて直接選挙を経て総統となった。中華民国総統、中国国民党主席に就任し、中華民国の本土化を推進。政治の民主化を推進させることとなる。退任後は、政党台湾団結連盟をみずから中心となって結成し、台湾独立運動に影響を与えつづけている。

台湾問題の根源的な問題はこの「藍緑対立」にある。

近代民主主義のもっとも基本的な原理は多元的な価値を認めながら、

民意を問うことにある。だが、中国人である以上、民主活動家でさえ、「台湾の民意」まで中国一三億人の民意を問うのが本筋と公言するのがほとんどである。その理由としては、「台湾は中国の絶対不可分の固有領土だから」という原則がある。

中国は有史以来、民意を問うシステムはいまだに確立していない。できないからである。中国には何十億の人民があろうと、「天民」やら「生民」であろうと、「民意」は存在しえない。あるのは、統治者の「天意」しかないのではないだろうか。

一方で、中国人とはじつに強欲で拡大志向の強い民族であり、その欲望が強いゆえに歴史上つねに争いを繰り返してきた。このように、台湾人と中国人とはまさに対極的な存在である。そのため、古代から現代までつねに争いが絶えなかった。

現在の台湾と中国の対立も、その根源にあるものは変わらない。台湾の民意と中国人の「神意」（天命・天意）、つまり中国人の「統一」志向との対立である。

日本では、「なぜ中国と台湾は仲良くできないのか」「同じ民族なのだから早く平和的に統一すべきだ」などという意見がある。たしかに両国は、かつて国共内戦の延長で対立状態にあった。だが、台湾が勝手に中国と対立していたのは、この島へ逃げ込んできた国民党であって、台湾人は内戦とは無関係だ。よって、今の台湾は、日本人から「早く統一せよ」と言われる筋合いはない。台湾人にとって、現在の民主主義社会は、戦後の中国人支配から血と涙を流しながらようやく勝ち取ったものだ。中国などに併呑《へいどん》され、民主と自由を奪われるなど「とんでもない」というのが台湾人の本心からの叫びである。

**蔣緯国**（1916～1997）中華民国国民革命軍の軍人。蔣介石の次男。1990年の総統選挙では蔣緯国を副総統候補にする動きがあったが、最終的に立候補を断念した。中華戦略学会の創設をはじめ、中独文化経済学会理事長、中華民国サッカー協会理事長などを歴任。

**陳水扁**（1950～）中華民国の政治家。2000年から2008年まで中華民国総統。直接選挙により選出された2人目の中華民国総統で、はじめて民主進歩党から選出された、台湾の本土化運動を推進する立場だった。

**馬英九**（1950～）中華民国の政治家、法学博士（ハーバード大学）。現在、中華民国総統（第12代、第13代）。総統選挙では「三不」（台中統一・台湾独立・武力行使のいずれも行わない）をスローガンに掲げていた。

## ④台湾を見るさまざまな眼

台湾のメディアは「三立」「民視」テレビと新聞「自由時報」三社以外には、ほとんどが中国資本か中国系メディアに牛耳《ぎゅうじ》られている。だから台湾と中国との関係を見る眼は、「中台」の視点と視野しかない。台湾と世界、ことに日・米・台との視点はほとんど語らない。

日本のマスメディアだけでなく、保守系の政治家も世界の中での台湾についての視点がなく、中台以外の台湾を語るのもタブーとなっている。ことに日本外務省関係者はほとんど台湾を口にするのはタブーとなっている。台湾は無視する存在として、語るどころか知ることでさえ戦々恐々としている。最近の例としては、東日本大地震で、台湾から二〇〇億円（実数二五〇億円）の義捐金《ぎえんきん》を出したことをめぐって、民主党政府は「さわらぬ神に祟《たた》りなし」という態度をずっととっていた。もちろん「台湾は地球上に存在しない」という日本政府の姿勢に不満の国民も少なくないが、中国人は逆に台湾からの義捐金を、政治主張に利用し、「台湾は中国の絶対不可分一部だから台湾人も中国人だ。だから東日本大地震後、中国からの義捐金は世界一、台湾と中国をあわせると二〇六億円もあったから」と恥もしらずにしゃあしゃあとテレビで語るのは、中国人以外には、そういう「勇気」をもつ人間はいないだろう。もちろん地震の義捐金一事だけでも日本の政治家や文化人は「台湾を地球上から抹殺しない」それなりの勇気が必要だ。

台湾の存在については、人民共和国政府は「絶対武力を放棄しない」と一〇〇〇回以上も恫喝しつづけてきた以外に伝統的な手段としての「三光作戦」を公言している。

中国の台湾に対する「三光作戦」とは、政治、経済だけでなく、外交承認にもゼロにするという孤立と封じ込め作戦である。

日本のマスメディアに対する「台湾」抹殺は「三匹のサル」作戦として、見ザル、聞かザル、語らザル戦略である。一時、朝日新聞は「台湾」という二つの文字がつく著書の広告さえ禁止されていた。たとえば「台湾野球」というスポーツ関係の著書さえ掲載「禁止」されている。たぶん中国に対して生理的に恐怖感からの日本人の自己規制とも考えられないこともない。

台湾について見る眼は鳥の眼からの俯瞰《ふかん》か昆虫のように複眼的に見るかなど、どう見ても、きわめて示唆的だ。

文化、文明史から、あるいは歴史の幾何学から海・島と陸との関係で、空間のスケールや時間のスパンをもっとのばせば、もっと見えるのでは？　と私は思っている。たとえばカルタゴやベネチアと陸の帝国との歴史幾何学的関係と、もっと類似性が多いのは、台・中とセイロン（スリランカ）・インドとの関係である。比較文化・文明史からもきわめて示唆的である。

セイロン島は、西太平洋にある台湾とは地理的位置こそちがうが、歴史的にも地政学的にもいくつかの共通点がある島だ。東インド洋に位置するセイロン島の面積は、約六万五六〇〇平方キロメール、人口約一八〇〇万人である。面積は台湾の倍近くあるが、人口は台湾よりやや少ない。台湾の国土面積は三万六〇〇〇平方キロメートルで、九州または海南島とほぼ同じぐらいの面積である。人口は二三〇〇万人で、九州や海南島よりも多い。

また、台湾は台湾海峡を隔てて中国大陸の東南部にあるのに対して、スリランカはポーク海峡を隔てて、インド大陸の東南部に位置している。台湾海峡は一八〇キロメートルあるが、ポーク海峡はもっとも狭いところでわずか三五キロメートルしかなく、浅海によってインド大陸とつながっている。地理学的には台湾よりもセイロンのほうが大陸の文化を受容しやすい。台湾より大陸文化の伝来が早く、古い文化と歴史をもっているのは、そのためだろう。

そして、台湾が中華文化のたまり場であるのと同じように、スリランカはインド文化のたまり場である。この二つの島とも東西文化の十字路にあり、長期にわたって大陸の二大古代文明の強い影響と外来政権の圧力を受けながら、独自の歴史と海島文化を維持してきた。

スリランカは台湾と同じ多言語、多種族複合社会である。スリランカの総人口のうち、シンハリ人が七四％、タミール人が一八％、ムーア人（あるいはマラッカ人）が七％を占めている。

この人種別人口比率と、大陸からの入植時期は、あたかも台湾の福建系人、客家系人と大戦後渡来した大陸系人のようなものだ。セイロン島東部の山地に残存している原住民のヴェッダ人は絶滅寸前である。台湾先住民の高砂族が中華文化に同化され、種族と文化の危機に追い込まれているのと変わりがない。

台湾は緑につつまれた美しい海島で、ポルトガル人が一五四一年ごろ、はじめてこの島を発見した当時、「麗しき島」と賛嘆したことはよく知られている。台湾人みずからも台湾を「美麗島」とか「宝島」と呼んでいる。スリランカも「東洋の真珠」とか「大海に落ちた一滴の涙」「インド洋に浮かぶ緑の宝石」など、多くの代名詞をもっている。国名のスリランカは「聖なる美しい土地」の意味だ。台湾人もスリランカ人も、祖先の一部か大部分は大陸から来た入植者である。しかし、中国もインドも、文字が読めない人が多く貧困であるのと比べると、この二つの海島の住民は教育水準が高く、経済生活でも大陸の住民よりは豊かである。

スリランカは「アジアのスイス」と呼ばれ、イギリスから独立した後、中立政策を採りつづけてきた。台湾人も「東洋のスイス」を理想的国家像として、国づくりの夢を描くことが多い。これは、つねに周囲の脅威におびやかされながら、外来の政治的圧力の中で生まれた海島住民に共通の願望であろう。

この二つの島とも、植民地時代にプランテーション経済が繁栄した。スリランカはイギリス帝国の植民地の中でももっとも順調に、そして容易に統治された植民地の一つでもあった。台湾は朝鮮半島に比べると、日本帝国支配下で順調に統治され急変貌《きゅうへんぼう》した。

台湾は四〇〇年来、ずっと外来政権によって植民地支配を受けてきたが、スリランカも第二次大戦後の独立まで、アジアでもっとも長い四五〇年間も西洋の植民地支配を受けてきた。

だが、スリランカはインド人やパキスタン人と共通の祖先ながら、祖先の地、インド大陸とは別個に国際的にも認知されている独立共和国である。スリランカが独立国家として存在することで、インド大陸の人々から「背祖」「神聖な不可分の領土の一部」と言われることはない。「統一」や「一国両制度」のスローガンが叫ばれることもない。

スリランカ文化はインド文化と不可分であっても、国家としてはインド大陸と不可分ではない。これは大中華思想の影におおわれている台湾との大きな相違点である。

中華文明は、政治的にはきわめて不寛容であるが、インド文明はそれとは逆に、宗教に対しては不寛容である。中華文明は文化至上主義の性格が強く、征服した夷狄に対し、ことごとく相手の文化を絶滅させ、「華化」の威力をいかんなく発揮してきた。

しかし、インド文明は征服した異民族に対して、カースト制度を導入させるだけで、異民族の同化や絶滅を図るわけでもなく、彼らとの平和共存を保ってきた。ここが中華文明とインド文明の大きなちがいだ。

現代まで世界を支配してきたのは、四つの文明化現象である。今もなおその余波は強く残存し、拡大、深化しつづけている。儒教化、仏教化、回教化、キリスト教化現象である。

台湾は儒教、道教、仏教、キリスト教文化のたまり場であるが、イスラム教の影響はほとんど受けなかった。セイロンは、仏教、ヒンズー教、イスラム教、キリスト教など諸文化のたまり場であるが、儒教、道教文化だけには影響されなかった。

この類似性の多い二つの島は、同じく諸文化のたまり場であっても、儒教、道教文化とイスラム文化があるかないかによって、近代ナショナリズムの受容の文化的タイプも異なる。それこそ今日の台湾ナショナリズムとセイロンナショナリズムの、性格と方向を決定づけるイデオロギー的基礎になるものであっただろう。

しかし、台湾とセイロンの戦後の運命はまったく異なるものだった。セイロンでは、すでに数千年にもわたってインド大陸の文化が流入しており、政治支配だけでなく、セイロン人の多くはインド大陸から流入してきた人々だった。

インド文明は、これまでパキスタン、バングラディッシュ、セイロンなど、さまざまな国家が自主独立するのを許容してきた一方で、台湾はいつまでも中国から、自称「同祖同宗」として「背祖」「教典忘宗」（祖先に背く）などの罵詈雑言《ばりぞうごん》で罵《ののし》られ、「神聖なる絶対不可分の一部」「統一」「一国両制」などと言われつづけた。そのうえ、「絶対に武力行使は放棄しない」とまで脅されている。同じ古代四大文明の一つでも、インド文明と中華文明とは、これほどまでに異なるのである。

### ⑤摩訶不思議な台湾と日・米・中の関係

世にも不思議なことがじつに多い。台湾と日米中との摩訶《まか》不思議な関係もその一つである。

台湾の人口は北欧のデンマーク、スウェーデン、ノルウェー、アイスランドの総人口よりも多い。西欧の主要国家で台湾よりも人口が多いのは、英、独、仏、伊、西ぐらいのもので、台湾の人口順位は世界でも約四〇位、経済規模をはじめさまざまな国力の順位の数字を見ると、たいてい世界の二〇位前後で、島国であっても、決して小国ではない。それでも国連から排除されているだけではない。日本とアメリカは台湾を国家として認知していない。もちろん最大の理由は中国が台湾は「古より中国の絶対不可分の神聖なる固有領土」だと主張しているからだ。投資も、建設も、安保も、実効支配もなく、ただの口の恫喝だけで、日米まで屈服せざるをえないのが、今の世の中の現実である。

もちろん中国政府の主張は現在ではなく、かつて清王朝が台湾を領有したことがあったからだと「歴史論拠」をもちだすのだ。現実はどうでもいい。もちろん台湾は決して無人島ではない。台湾には二三〇〇万人もいる。台湾の民意はどうでもいい。むしろ民意に反対しているのだ。

だが、いくら自分のものだと理不尽に主張しても、「絶対武力を放棄しない」と一〇〇〇回以上も恫喝し、核や中性子爆弾の使用まで恫喝しても、人民共和国は建国以来すでに六十余年以上経っていても、じっさい「台湾」の「統一」やら「領有」「侵攻」でさえできなかった。恫喝と吶喊《とっかん》にとどまっている。それも建前と現実のちがいではないだろうか。今なお敵対関係がずっと変わってはいない。

日台関係については、戦後の政治、経済、軍事、文化まで一蓮托生《いちれんたくしょう》の関係にあるだけではない。少なくとも一九世紀末から近現代の歴史をともに歩んできた。私的な日台関係は決して悪くはない。ことに台湾の親日は片思いに近い。もっとも住みたい国は欧米ではなく、日本がトップ、高校生の第二外国語は選修、日本語がずっと九〇％前後をつづいている。日本語世代には親日だけでなく愛日感情をもつものも少なくない。もちろんそれは年配者だけでない。若い世代もすでに九〇年代から哈日族《ハーリーツウ》（日本大好き族）の新人類が多く出ている。

それでも公式の場では、中国政府によって日本と台湾との交遊を禁止されている。日本人は中国を生理的に恐れているので、総理たるものが靖国神社の参拝でさえ、中国政府からの許可をえなければならない。

日米中の中でもっとも台湾の運命に決定的な影響をもつのがほかならぬアメリカである。それは戦後の経済的、軍事的援助からはじまっている。台湾が今日まで中国の一部とならなかったのはアメリカに深謝しなければならない。朝鮮戦争当時、台湾は中国からの侵攻にさらされる際、地政学的に台湾は二〇隻以上の不沈空母に匹敵するとトルーマン大統領が発言し、第七艦隊を派遣して台湾防衛を決めた。台湾が共産主義国家の中に囚われなかったのは、冷戦時代だけではなく、今でもアメリカの存在が台湾が国家存在としての絶対不可欠の生存条件の一つでもある。だがアメリカの中台に対する基本的なプレゼンスは「現状維持」という一言に尽きる。もちろん中国はいかなる主張があろうとアメリカのこの世界戦略に公然と否定することはできない。

アメリカが台湾への影響は安保だけではなく、台湾の民主化を可能にしたのは、アメリカの政府と国民の支援なしには考えられない。戦後パックス・アメリカーナについては、世界的に

「反米感情」を抱く国家と国民は少なくない。だが台湾には、そういう「反米感情」よりも嫌中感情が強い。それはいざというときにアメリカはいかなる国よりもたよりになるからだ。もちろんそれは台湾にかぎらず、東欧をはじめ、旧ソ連圏の国々もそれに似ている感情がある。決して不思議ではない。ここ数年、かなり東欧圏を旅してきた。嫌露嫌独感情よりも恐露恐独の心情はなおも強いので、経済だけでなく、生活文化までアメリカの影が見えている。

日米中と台湾との関係はもちろん親疎関係は好悪の感情だけではない。国益にもからむ。近代国民国家の性格はどちらかというと、対外関係は一は国益、二にも国益、国益優先の政治は世の常識である。だが日本だけは、じつに摩訶不思議である。

もちろん「対米追随」といわれても、それは国益につながることもあろう。だが、どう考えても摩訶不思議な奇行に頭を傾げることもある。

その一例は、日本政府の異常な奇行である。

日本外務省の中国課は、二〇〇三年末、公民投票の実施を決め、あるいは新憲法制定の意向を示し、中国を怒らせた陳水扁総統に対し、「中台関係を徒《いたずら》に緊張させるな」として、慎重な対処を要求する異例の「申し入れ」文書を台湾政府に送った。他方、一方的に「台中関係を緊張させる」張本人の中国に対しては、「慎重な対処」を求める「申し入れ」文書は送っていない。

これは明らかに小国のみを対象とした内政干渉である。また、約三カ月後に控えていた総統選挙で、陳総統の再選を嫌う中国の意を酌《く》んだ選挙妨害だとの意見も多々あった。しかもこの文書には次のようなくだりがある。

「最近の陳水扁『総統』による公民投票の実施や新憲法制定などの発言は、中台関係を徒に緊張させる結果となっており、わが国としては、台湾海峡およびこの地域の平和と安定の観点から憂慮している」

このように、その内容はもとより、総統の二文字に括弧《かっこ》をつけていることも問題だ。こうした表記は、台湾政府を政府として認めない中国の慣例である。「総統」「総統府」「行政院」「外交部」など、「偽政府」に関する名称にはとことん「正統性なし」と強調する。

いかにも中国人的ないやらしい手法であるが、それを日本の外務省が躊躇《ちゅうちょ》しなかったのである。これが明らかになったことで、国会でも問題となり、その後括弧は外されたというが、ここまで中国の属国ぶりを発揮した例は、日本のほかにないだろう。

たしかに、プロレタリア独裁を堅持する中国にとっては、「指導」と「天意」をあくまで守り、民意を問うのは、絶対許せない原則だ。だが日本は議会民主制国家、自由、民主、人権を国家原理、理念、理想にしている。

そこまでの奇行をするのは、いかにもいやらしいのではないだろうか。恥を知ることを忘れてはならない。

## ⑥中国の「侵略立国」と領土拡張

「世界の土地はすべて中国のもの」(「天下、王土に非らざるものなし」)という古代中国人の王土王民思想は現代はすでに通用しないことは中国人も知っている。

「世界の人々は誰もが中国人になりたがる」こともただの中国人の思い込みだけ。中国が欧米よりも優れているのは、「欧米がいまだに国家の時代なのに比べ、中国はすでに国家から統一の天下になり、中国のみ階級が存在しない。中国はすでに政治をのりこえ、一つの文化になっている」「アメリカは中国人が発見した新大陸だ。今日の人類があるのは、すべて中国文化のおかげだ。日本が近代化したのも中国のおかげ」などなどはただ中華思想からくる自慢話であり、なんの根拠もない。

「中国だけが外国を侵略したことはない」という中国外務省の決まり文句は、まったくの嘘である。そもそも中国のホームランドは黄河中下流域の「中原」にあった。ほぼ日本列島の土地面積だった。今日、「大中国」の版図の由来は、歴代中華王朝の、栄枯盛衰によって新開したものであり、固有の領土といえるものは存在しない。いかなる国際法にも「固有領土」の存在という概念はない。中華の天子の徳を慕って献上された版図よりも、侵略によって物理力から掠奪したものばかりだ。

明の時代になると、日本の約一〇倍にのぼるまで、ふくれあがっていた。東亜北方の森林から興った満州人の始祖アイシンギョロ・ヌルハチは明に対する「七大恨」を掲げて明からの迫害に逆襲し、後金国を建国してから、三代目の順治帝が中国に入り、六代目の乾隆《けんりゅう》帝まで約二〇〇年にもわたって、中国を征服しただけでなく、明よりも三倍ほど版図を拡大した。清の領土拡張を阻止したのは、地理学的、生態学的限界以外には、白蓮教をはじめとする内乱や人口過剰による自然と社会の連鎖的崩壊の悪循環もある。それが自然と社会のしくみである。

もちろん西洋文明の優位の確立も清王朝の継続膨張を食い止めた時代の流れとなる。

辛亥革命後の民国の争乱を経て、国共内戦に勝ち誇った「世界革命、人類解放、国家死滅」の共産主義革命の風潮にのって、ふたたび清帝国時代に外藩とされていたモンゴルやウイグル、チベットを統合して人民共和国を成立させた。

社会主義政治が文革まで時代の変化には耐えられなくなると、それでも最後の生き残る窮余の策として、改革開放、そして海の強国をめざすのを中華の夢にしている。

## ⑦人民共和国の対外戦争

第二次世界大戦で、日本が敗れた。それでやがて世界平和は到来すると日本の平和主義者をはじめとする世界の人々が考えていた。日本国憲法の序文に、平和を愛する諸国民の公正と信義に信頼して、とまで書き記したものの、じっさい世の中はそれほど甘くはない。

やがて国共内戦が再燃し、中国共産党が勝ち誇った。もちろん中国人の殺し合いにとどまらず、朝鮮戦争からベトナム戦争、カンボジア戦争をはじめ、欧米以外の地球上には自民族の殺し合いを繰りひろげ、日本まで社会主義革命の嵐が吹き荒んだ。

従来の国民国家間の戦争とはちがって、国共内戦をはじめとする各民族の戦争は社会主義革命をめざすイデオロギーの対立から自民族の殺し合い以外に代理戦争としての色彩が強かった。といわれても、戦後の戦争は決してアジア、アフリカ諸国だけの植民地からの独立戦争だけではない。ことに人民共和国の対外戦争は、たいてい国内問題の処理に対外挑発をテコに行われているのが多い。しかも限定戦争だけにとどまっている。

ことに文革後からは「四つの社会主義原則の堅持」を掲げても、じっさい唯一堅持しているのは共産党一党支配のみであり、社会主義政権の最終防衛をめざして、「海の強国」、さらに清王朝最盛期の版図を上まわる、「中華民族の偉大なる復興」を「中国の夢」として、南シナ海と東シナ海を中国の内海と主張している。中国の夢と人類の夢の対峙対決が目下昂進しつつあるのもマスメディアでは日々如実に伝えている。

有史以来戦争のない年のない大陸中国は、帝国から民国、そして人民共和国と数度も国体、政体を変えつつも、「戦争立国」「侵略立国」の国家原理を変えていくことはできない。だからいわゆる「両桿子《かんし》」(軍と情報統制の二つのテコ)で国を守り、さらに「党、政、軍」三権を一人の国家指導者が牛耳らないかぎり、国家も社会も安定できない。それがこの国の宿命であり、中国人である以上、その「さだめ」から逃れることはできない。

中国の歴史は長い。数千年にもわたって地上資源はほとんど先祖たちに食い尽くされた。毛沢東がみずから主張しているように、中国とは「一窮二白」(素寒貧《すかんぴん》にして無知無学)から人民共和国をスタートせざるをえなかった。そのうえに「世界革命、人類解放」をめざして、周辺諸民族を強制統合し、チベット人もウイグル人もモンゴル人も中国人であるとした。その「中華民族」という幻想は、他文明の衝突と文化摩擦という問題を抱えている。

「戦争立国」の中国にとっては、内紛内戦は対外戦争と連動しながら、それを国家の対外戦略として調整しなければならない。中国を知るには、少なくともその戦争立国という宿命を知らなければならないのだ。

毛沢東から鄧小平の時代には、中国は一七回にもわたって対外戦争を行ってきたが、そのほとんどを限定戦争に抑え、全面戦争を避けてきた。なぜ人民共和国の時代になって、限定戦争という対外戦略をとらざるをえなかったのだろうか。

日本は日米戦争に負けて大日本帝国が崩壊したが、それでも日本の国体は変わらなかった。内戦も起こらなかった。日本における最後の内戦は今から百余年前の明治維新後の西南戦争のみだった。だが、中国は二〇世紀に入って帝国、民国、人民共和国と数度も国体と政体が変わっただけではない。毛沢東の社会主義国家と改革開放後の「権貴資本主義」国家は明らかにまったく異なる政体である。中国で戦後行われた国共内戦だけではなく、朝鮮でもベトナムでも自民族同士の内戦とジェノサイドが行われた。中国ではダライ・ラマ一四世が言う「文化的虐殺」が今でも進行中である。

このように、「戦争立国」の中国が抱えている矛盾はじつに多い。だから対外戦争へと突入する「さだめ」は避けられない。国内の諸矛盾を処理するためには対外挑発をテコに共通の外敵をつくり出さなければならないのだ。中国の対外戦争のしくみについては故鳥居民《とりいたみ》が著書『毛沢東五つの戦争』（草思社刊）で詳細に解明を試みている。

鳥居は、人民解放軍が対外軍事挑発をテコに国内政策を推進した具体的な例を指摘している。たとえば、朝鮮戦争は「アメリカ帝国主義」に対する怒りを湧き立たせ、国共内戦後の社会不安の矛先を外敵に転嫁させるのに役立った。さらに愛国主義という名のもとで増産や節約運動、生産競争を刺激し、党の独裁支配と社会主義経済建設の土台を築き上げるために利用された。それが「三反五反《さんはんごはん》」運動であった。

朝鮮戦争から中印、中ソ、中越など中国が仕掛けてきた度重なる対外的な挑発戦争は、傷つけられた中国人の民族的誇りを癒《いや》し、ナショナリズムを盛り上げるのに役立つだけでなく、民衆の不満を共通の外敵に向け、国内問題を処理しやすくしてきた。中国は七〇年近くこうした対外挑発の手段をとってきたのだ。

もし対外戦争がなければ、中国の国内問題を処理するのはきわめてむずかしい。というよりも不可能であったと断言できる。限定戦争にせざるをえないのは、もし全面戦争までに発展してしまうと、共産党政権は大打撃をこうむり、元も子もなくなるからだ。

じつは、もっとよく内実を見れば、政策遂行と民衆の不満を共通の外敵に向かわせるという目的以外に、政敵を前線に送り出し、外敵の手を借りて政敵を消滅させるという目論見もある。たとえば、朝鮮戦争は国共内戦直後に成立した初期の人民共和国にとっては、外敵の手を借りて内敵を殲滅《せんめつ》する最高のチャンスだった。人民義勇軍一〇〇万人の朝鮮への派遣は国民党の投降兵を最前線に送り出し、アメリカの砲火を利用して内敵を消滅させるための人海戦術だった。

鄧小平の対ベトナム懲罰戦争は鄧小平の軍権掌握が目的だった。また内敵の林彪《りんぴょう》軍や許世友《きょせいゆう》軍をベトナムの最前線に送り出し、ベトナム軍の手を借りて殺してもらう目的もあった。中国的用語でいえば「借刀殺人」（他人の刀＝手を借りて人を殺す）である。ベトナム戦争当時、ベトナムの正規軍はカンボジアの前線にあり、解放軍と戦ったのはベトナムの民兵だった。五〇万人も戦死したのは異例のことである。それはベトナム軍の手を借りて内敵を殺させるという狙いが成功したのだ。

もし日中に尖閣戦争があれば、それは習近平《しゅうきんぺい》が日本の手を借りて団派（中国共産主義青年団出身者からなる派閥）や上海閥を消滅させるのが目的と読めば、はずれはなかろう。

中華人民共和国の政権樹立以来の対外戦争は、次の一七回であった（戦争名は中国の呼称）。

一、抗米援朝戦争（朝鮮戦争）——五〇年六月二五日～五三年七月二七日
二、台湾海峡九三砲撃戦——五四年九月三日～二五日
三、一江山島解放戦役——五五年一月一八日～一九日
四、台湾海峡八二三砲撃戦（金門砲撃戦）——五八年八月二三日～一〇月六日
五、チベット出兵——五九年三月二〇日～六二年三月六日
六、中緬《ビルマ》国境連合警衛作戦——六〇年一一月二二日～六一年二月九日
七、中印国境自衛反撃作戦——六二年一〇月二〇日～二八日

八、第二次中印国境反撃作戦――六二年一一月一四日～二一日
九、台湾海峡三回海戦――六五年五月一日、八月六日、一一月一四日
十、珍宝島《ちんぽうとう》中ソ国境反撃作戦――六九年三月一五日～一七日
十一、新疆《しんきょう》鉄則克提国境反撃戦――六九年八月一三日
十二、西沙《せいさ》群島中越海戦――七四年一月一九日～二〇日
十三、中越《ベトナム》国境自衛反撃戦――七九年二月一七日～三月一六日
十四、中越国境法卡山《ほうろうざん》防衛戦――八一年五月五日～六月三〇日
十五、中越雲南扣林山《こうりんざん》反撃戦――八一年五月七日～六月一一日
十六、中越雲南老山《ろうざん》、耆陰山《きいんざん》作戦――八四年四月二八日～五月一五日
十七、南沙《なんさ》諸島中越三一四海戦――八八年三月一四日

中国は、一九五〇年の朝鮮戦争から、八八年の中越海戦までの対外戦争のうち、軍事衝突が米国&国連部隊と一回、ソ連と二回、インドと二回、ベトナムと六回、台湾と五回あった。

この一七回の軍事衝突は、台湾の軍事専門家、張友驊《ちょうゆうか》氏の分析によると、次のような特色がみられるようだ。

一、三年間の長期にわたり、一〇〇万人以上の大軍を投入した朝鮮戦争をのぞいて、中印、中ソ、中越、中台戦争は、戦闘規模が比較的小さく、期間も短く、談判の期間が長い。（筆

者註、七九年の中越戦争の中国側の動員数は五〇万人）

二、中国の対外国境戦争は、すべて国境線外で作戦を行い、なるべく戦火の国境線内への波及を避け、国内の経済建設への影響を避ける。

三、すべての武力行使はほとんど領土、主権問題とからみ、安全問題への考慮が少なく、戦争の誘因が比較的単純である。

四、朝鮮戦争から中越三一四海戦にいたるまで、戦争意思決定は、すべて党中央政治局で決められ、人民解放軍の決定は比較的少ない。

五、人民解放軍の軍事行動は、たいてい政府側から声明を出し、外交で折衝、事前にある余裕の時間で軍隊を結集していることからみると、対外武力行使の行動は計画的で慎重である。

人民解放軍の対外軍事作戦を分析してみると、三年近くの朝鮮戦争をのぞいて、たいがい短期決戦がほとんどで、たとえば中印国境戦争は一七日間、中越国境戦争は一七日間で、すぐ一方的終結を宣言している。おそらく戦火の拡大をなるべくおさえ、地域的な限定戦争でないと、戦費不足で、長期戦ができないからであろう。

**許世友**（１９０６〜１９８５）中華人民共和国の軍人。抗日紅軍政大学（のちの軍政大学）に学ぶ。人民共和国成立後は、国防次官などの任につき、１９５５年、南京軍区司令。以後長く南京軍区を一手に掌握した。１９７４年、林彪の影響の強かった広州軍区司令に転出した。

## ⑧東西冷戦、パックス・アメリカーナの後の世界

社会主義思想は決して二〇世紀に入ってから生まれたものではない。イギリスの産業革命、フランスの市民革命と同じ時代に、いわゆる「空想的社会主義思想」として流行《はや》り、その後マルクス、エンゲルスからレーニン、スターリン、そして毛沢東と受け継がれていく中で「科学的」な社会主義思想として世界に広まっていく。やがてロシア革命などを経て、第二次大戦後から「体制」として成熟していく。

イデオロギー、あるいはスローガンとしてよく知られているのは「世界革命、人類解放、国家死滅」である。

第二次世界大戦後、ソ連影響下の東欧では次から次へと社会主義体制が成立し、社会主義圏となっていく。ユーラシア大陸の東側では、戦後、日本敗退の真空の中で、国共内戦が再燃、中華人民共和国の革命政権が成立、朝鮮戦争とベトナム戦争の結果、南北対立のままで北のほうの社会主義体制が確立していく。

第二次世界大戦後は、植民地独立と社会主義国家成立の歴史が同時進行した。グローバルな視野から見て、社会主義革命に成功したのは、西側では、キリスト教ギリシャ正教会、ロシア

正教会など東方正教会文化圏にかぎられ、東側では、儒教文化圏・文明国にかぎられた。西欧では、ほとんどが東ローマ帝国・ビザンチン帝国という東方正教会の流れを汲《く》む地方に限定され、ロシア帝国が「第三ローマ」と自称したことからも、その文化・文明的背景がわかる。

ロシア革命を第一世界革命、中国革命を第二世界革命、日本革命を第三世界革命と呼び、毛沢東をはじめ、社会主義革命に心酔した革命の前衛たちがあれほど「日本人民民主主義共和国」の成立に粉骨砕身《ふんこつさいしん》したにもかかわらず失敗したのは、日本文明は儒教文化が根を下ろさず、仏教文化がコアだったからではないかと私は分析する。

その後、世界は政治・経済的に資本主義と社会主義に二分され、いわゆる東西冷戦の時代に入ってしまう。それは中ソを中心とする社会主義陣営と欧米を中心とする資本主義陣営との軍事的対立を深めることとなった。

だが、ソ連は七十余年で自壊、東欧はより短命だった。ではなぜ、かつて二〇世紀人類最大の夢だった社会主義国家は半世紀も待たず、植民地帝国体制以上に短命に終わってしまったのか。その理由については、ここ二十余年の間で多くの分析と論著がある。

ではなぜ、東方正教会文明圏の社会主義体制のみが死滅し、儒教文明圏の社会主義国家は、「改革開放」（中国・鄧小平の経済政策）、「ドイモイ」（ベトナムの刷新政策）という変化はあったものの生き残り、朝鮮の金王朝が「三代の王位継承」に成功したのだろうか。

アメリカが抬頭しはじめたのは二〇世紀初頭からである。

一七七六年に一三州が独立した後、アメリカはフランス、スペイン、メキシコと戦争をしながら、あるいは土地を買い漁《あさ》りながら西部開拓を進め、太平洋に出てきた。一九世紀中葉には日本に開国を迫り、米西戦争（一八九八年）でスペインからフィリピンをもぎ取り、中国進出に関しては英・仏・露・独に一歩遅れながらも、「門戸開放、機会均等」を唱えながら勢力を強めていった。二〇世紀に入ってからはドイツと日本をつぶし、イギリスを抜いて西洋諸国の盟主となり、戦後はソ連との冷戦を経て、ついにソ連を崩壊させた。

このように、アメリカがさまざまな挑戦を退《しりぞ》けながら一世紀をかけて築き上げたのが「パックス・アメリカーナ」である。だが冷戦終結後、「独覇《どくは》」と言われるほど天下無敵になったものの、挑戦者がまったく消えたわけではない。アメリカに取って代わろうと虎視眈々《こしたんたん》と機会をうかがっている国もある。中国がその一つだ。

二〇世紀に入ってアメリカが受けた最大の挑戦は日独によるものではない。それはむしろ、戦後から冷戦終結期までの半世紀におよぶ共産主義からの挑戦である。しかし世界的な規模での階級闘争は不発に終わった。

この間、エズラ・ボーゲルの『ジャパン・アズ・ナンバーワン』やポール・ケネディの『大国の興亡』のように、日本の台頭やアメリカの没落を予想する論議がなかったわけではない。しかし実際は、没落の兆《きざ》しどころか、アメリカはますます強くなり、不動不易の勢いさえうかがえた。それはそうだろう、アメリカは経済力だけとって見ても、それほど簡単に没落するはずがない。

イギリスが「太陽の沈まない国」であったころのGDP（国内総生産）は世界全体の約一〇分の一弱であった。今のアメリカのGDPは、世界の約三分の一弱である。中国や日本のほぼ二・五倍、ロシアの二〇倍だ。人類史上、これほどの経済規模をもった国はないのである。

たしかに現在、ブラジル、ロシア、インド、中国というBRICs諸国は高度成長をつづけている。だが、今後の一〇年や五〇年くらいでアメリカに挑戦できるようになるとはとても思えない。また中国は、購買力平価で計算すると、すでにアメリカと伯仲《はくちゅう》している。そこから二〇二〇年か二〇四〇年あたりには経済力でアメリカを超える、とする予想もないではない。しかし、中国であろうと、ほかのBRICs諸国やEU、また日本であろうと、アメリカ以上に内部矛盾を抱えている。どう見てもパックス・アメリカーナは当分揺るがない、というのが私の見方である。

パックス・アメリカーナの一極支配は当分の間つづくと見てまちがいない。

さまざまな矛盾を抱えているアメリカは、すでに一九七〇年代後半からしばしば「凋落《ちょうらく》」がささやかれた。しかし、それでもビクともしないどころか、ますます強くなっている。

そんなアメリカに挑戦しうる国といえば、文化的にも経済的にも力が伯仲しているEUである。だが、EUは複数の主権国家の連合である。かりにEU憲法が実現して統合がいっそう深化しても、アメリカに挑戦しうるかどうかは疑問だ。ロシアをはじめとするスラブ国家がEUに加盟し、「EUS連合」ができたとしてもむずかしいだろう。

では、かつて一九八〇年代にアメリカの「経済的脅威」になったことのある日本はどうか。冷戦終結とともにバブルが崩壊、その後は二〇年におよぶ迷走がつづいた。最近はやっと立ち直りの兆《きざ》しが見られるが、たとえ今後一〇～二〇年、経済が好調であっても、核保有や憲法改正さえできない日本の生きる道はやはり日米同盟しかない。まして、あらゆる面でアメリカ追随に汲々《きゅうきゅう》とせざるをえないような状況では、とてもアメリカに挑戦するどころの話ではない。日本のアメリカ従属は二一世紀もつづくだろう。

現在もっとも注目されているBRICs諸国もパックス・アメリカーナを脅《おびや》かすだけの力はない。ブラジルは地域大国にとどまり、隣のアルゼンチンと拮抗《きっこう》するだけで精いっぱいだ。両国は、アジアにおける中国とインドのようなライバル関係になるだろうが、それ以上の勢力拡張はありえない。

中国とインドは、やがて経済力でアメリカを上回るのではないかという予想もあるが、所詮は発展途上国である。そして中印ともに矛盾だらけの国である。かりに大国になりえたとしても、アメリカ以上に世界的な理想や魅力を人々に与えることはできない。

ロシアはどうか。中華帝国の復活を目指す中国と同様、プーチンは先進的な軍事技術と豊富なエネルギー資源を手に、かつてのロシア帝国の復活をめざしているが、それがそのまま米ソ冷戦の再来あるいは正面対決にいたるかというと、それはほとんど起こりえない。

結局、パックス・アメリカーナへの挑戦は可能か、という問いには疑問を投げかけざるをえない。

それは単に軍事力や経済力、あるいは総合的な国力だけの問題ではない。宗教であれ文化であれ、「アメリカの理想」を上回ることができないかぎり、いかなる国も挑戦者にはなりえない。文化的・社会的魅力が世界に認知されるような国が躍り出てこないかぎり、パックス・アメリカーナは二一世紀もつづくはずだ。

## ⑨人類最後の植民地帝国

人類最後の植民地帝国である中国の搾取と虐殺が、とうとう世界的な関心となり、論議されはじめたのである。これまで植民地論がどんなに議論されても俎上《そじょう》に上らなかった中国の植民地が、ようやく論じられるようになった。

戦後の植民地論といえば、もっぱら日本と欧米列強による植民地ばかりに非難が集中し、ロシアと中国という人類史上最大の植民地帝国が捨象されてきた。このこと一つをとってみるだけでも、資本主義列強・欧米日に対する植民地帝国との批判は、じつに社会主義イデオロギーからきた偏見にすぎないことがわかる。

それは、過去の話だけではない。植民地帝国の崩壊後にも経済的、文化的な支配のある新植民地主義が論じられたり、ポスト植民地論が盛んになっても、もっと論じられるべきロシアと中国という人類史上最後に残る二大植民地帝国についてはほとんど語られない。わざと論外に置かれているといっていいだろう。

人類史上に見られる植民地といえば、大航海時代以後から見られる近世近代の西洋植民地にかぎらず、古代からのフェニキア、ギリシャのアポイキアや、ローマのコロニアもあるし、中世の植民地もある。さらにはユーラシア大陸の遊牧民族の移民と植民という古代、あるいは人類史上数千年にわたる植民史もある。このようにさまざまな植民地があるが、歴史的に見た場合、そもそも植民地とはなんだろうか。

フェニキア人が、エジプトやシリアの文明諸国に挟まれた小アジアの西海岸（現シリア）の不毛の地に複数の都市国家を築いたのは、紀元前三〇〇〇年のこと。その後、紀元前一六世紀から植民地建設に乗り出し、どんどん版図を拡大していった。それは他民族に圧迫された諸民族が、フェニキアに大量移民してきたことによる人口増の解決という側面が強かった。

植民地史ではあまり語られないが、大航海時代以前の世界の歴史の舞台である陸、つまりユーラシア大陸の主人公は遊牧民だった。ユーラシア文明の歴史は、遊牧民の、周辺諸文明圏への侵入によって動かされ、あるいは新たにつくられていった。彼らの数千年にわたる移民、植民運動は、のちの大航海時代以降の西欧列強による植民運動に匹敵するものであった。

中華帝国の二〇〇〇年史も、南の農耕帝国と北の遊牧帝国の抗争史といえる。遊牧帝国は離合集散を繰り返しながら南下し、移民・植民をしながら中華帝国の分裂と統合に連動していた。彼らは六朝の時代にはすでに中原に移住し、中原の民である漢人を南方に追いつめ、北魏《ほくぎ》の時代にはすでに華北を支配していた。

唐以後の五代から契丹《きったん》人と女真《じょしん》人が交替で華北を征服して植民した。最初に中華世界を完全征服したのがモンゴル人の大元であり、つづいて満州人の大清である。中国史において、中国を支配したすべての王朝を中華の正統王朝だと認めるのはよいとしても、どれもが中華民族の王朝だと決めつける現在の中国人の歴史観は、あまりに歪《ゆが》んでいる。中国人にとって元や清は、明らかに外来の征服者であり、植民地支配者だったのだ。

さて、このモンゴル人による支配を受け、彼らに帰順しながら領土拡張を図ったのがロシア、当時のモスクワ大公国である。

もはや中国こそ人類最後に残る最大にして最古の植民地帝国である。中国からの植民地解放をどうすべきかについては、ことに植民地研究者をはじめ、良識ある文化人も、もはや沈黙すべき時ではない。「世界革命、人類解放の担い手、平和愛好民族」などという共産主義者の宣伝に惑わされている場合ではないのだ。

中華帝国史を見るかぎり、もちろん歴代王朝は漢人王朝だけでなく、魏晋南北朝時代の五胡やら、唐以後の回紇《ウイグル》、吐蕃《チベット》、それに遼、金、夏、さらにモンゴル人の元王朝、満州人の清王朝による征服で中華の主は変わったものの、中国植民地支配の強化と拡大は二〇世紀に入ってからもつづいていた。

中華人民共和国成立後のチベット軍事占領も、その一つだ。オリンピックの年のチベット蜂《ほう》起《き》によって、ようやく、それが侵略であり軍事占領であり植民地支配であると、世界が認識するようになったが、これまではずっと、あくまで「農奴解放」の大義名分が主張され、世界の人々に鵜《う》呑《の》みにされていた。

さらに、モンゴル人の南モンゴル、ウイグル人の新疆《しんきょう》（東トルキスタン）に対する中国人の大量植民は、日本の人口に匹敵する一億二〇〇〇万人以上にのぼる。だが、それが「植民地経営」と呼ばれることは、いまだにない。

社会主義のイデオロギーが無力だと知られてから、彼らが非漢族に対する文化虐殺を強化するために用いたのは、愛国主義と中華民族の強制扶植《ふしょく》である。

今、中国政府はチベット人の反抗の原因は愛国主義教育の失敗にあるとし、これから愛国主義教育を強化すると公言している。このような中国の民族政策から見ても、人類史の歩みとは逆に、中国は今後、植民地支配の強化を課題としていくだろうことは、火をみるよりも明らかである。

## ⑩問われる二一世紀の民族問題

近代国民国家は産業革命と市民革命後、元祖の英仏が生まれてから、すでに二百余年も経っている。国民国家としての政体はさまざまある。民主制度が実現したのはその半数にもみたない。

国の数だけを見ても、満州国建国当時、外務省が世界に送った国家承認の数は七一カ国を数えた。もちろん満州国のように消えた国々もあったので、終戦当時独立主権国家は約六〇カ国前後だった。だが、約半世紀経ったのち、さらに今日でも約二〇〇前後と国家の数は増えつづけている。国連に加盟したのは目下一九三カ国である。台湾のような国家は中国の反対で国連から排除されている。国家の数がますます増えるのは、主に植民地帝国と社会主義体制の解体からくるもので、インドとパキスタンとの分離独立、さらに西パキスタンと東パキスタン（バングラディッシュ）の分離独立というケースもある。やがて国家は三〇〇まで増えるという予想もある。

アジアを見るかぎり、中国には五〇以上の民族があり、すでに百余年前からすべての国内にある民族を同化して中華民族を創出する、康有為《こうゆうい》、孫文らの主張もあるものの、一〇〇年後の今日にいたって、それはむずかしい。中華文化の同化力だけが、問題ではない。

もちろん中国だけが五〇以上の民族があるだけではない。アジアは日本、韓国、朝鮮を除いて、ほとんどが多民族国家で、ベトナムも五〇以上、ミャンマーは一三三、フィリピンは一八〇、インドネシアは約三〇〇、インドはもっと多い。またアジアにかぎらず元祖の西欧でも多民族問題をかかえている。

国家はたしかに物理的力を牛耳り、巨大な財政力をもっている。それでも民族問題をクリアするのがむずかしい。ことに中国のように同化政策、ダライ・ラマ一四世がいう「文化的虐殺」で民族問題を解決するのはもっとむずかしい。少なくとも中国は五〇〇〇年の歴史文化があると自称、その同化力は漢化、徳化、王化、華化として文化自慢の一つでもある。それでも五〇〇〇年以上経っても、なおも五〇以上の非漢族の存在自体はその同化力の限界を見て知ることもできるのではないだろうか。

中華文明の拡散力にはいくつかの疑問を抱かざるをえない。

①　朝鮮、ベトナム、日本は、かつてきわめて積極的に中華文明を取り入れた。それなのになぜ、チベット、ウイグルなどの非漢族は、中華文明を拒否しつづけてきたのか。

②　中国人が自慢にしている精神文明は、なぜ中国内部の非漢族だけにとどまらず、西洋にとっても魅力とならないのか。

③　中華文明は、漢族以外の五五の非漢族の生活様式にはなぜ合わないのか。

④　中華文明には、民主、人権、平等の文化要素が、なぜ欠けているのだろうか。

中華文化・文明最大の弱みはそのソフトウエアの魅力の欠如にあることは、キリスト教やイスラム教、そして仏教のもつ普遍的な価値との比較をすれば一目瞭然ではないだろうか。

中華の文化は、儒教であろうと道教であろうと、心や魂の救いとは無縁なもので、宗教対策には「虐殺」しかない。それは「文化的虐殺」にとどまらず、「教徒虐殺」が常套《じょうとう》である。中国史上に「三武一宗」の「破仏」や民間のイスラム教徒の皆殺し運動としての「洗回」や義和団の乱に見られるキリスト教徒の皆殺し運動が中国史のそれを如実に物語っている。今でも宗教を「人民のアヘン」として、アヘン戦争がつづいている。新儒教として朱子学は華夷の分、華夷の別を強烈に説き、陽明学は「革命の哲学」と日本人学者が云々《うんぬん》するのはもってのほか、教祖の王陽明は漢人以外の異民族の虐殺を「天誅《てんちゅう》」と正当化した「虐殺」の学である。

今日多くの国で設立している「孔子学院」は、じっさい敵国の情報収集センターであるとともに、「南京大虐殺」など反日映画を強制鑑賞する広報センターでもある。

# 五章

# 魅力ある
# ソフトウエアがない中国

## ①中国人の文化自慢はただの夜郎自大話

中華思想は自己中心、自国中心であるほか、華夷思想からくる絶対的文化主義にとりつかれている。そのため、往々にして中華文化に対する自信過剰から生まれた自慢話が多い。大中華がそうであるように、小中華（韓国）もネット時代に入ってから、いわゆるウリナラ（わが国）自慢が多い。

たとえば、秦始皇帝も孔子も韓国人であるとか、漢字は韓国が発明したなどの小中華の国自慢、文化自慢が大中華とのケンカに発展することもある。

西風東漸《せいふうとうぜん》、西力東来後の近現代の中国は、一九世紀中葉にアヘン戦争で英夷に負けて以来、西夷に負けつづけただけでなく、東夷の日本にまで負けた。中華思想の強い中国人にとっては、それは耐え難い屈辱だった。その裏返しとして、物質文明のほうはたしかに一時、西夷に負けても、精神文化のほうは中華のほうが上なのだと信じて疑わなかった。だから西夷に学ばざるをえない自強（洋務）運動でさえ、自国の精神文化に対する自信から「中体西用」を唱え、結局中途半端に終わった。日本の開国維新後の「文明開化、殖産興業」運動とは対照的だ。

中国人の精神文化についての国自慢は今日も続いている。具体的なものとしては、儒教文化、ことに道徳倫理は世界に冠たる精神文化だという自慢話は学校教育でも教えられている。こうした自慢話は中国の国学者によって流布されてきたが、中でも世界的に有名な者としては、纏足まで中国の「国粋」だと説く大学者、辜鴻銘《ここうめい》と毛沢東の天敵、梁漱溟《りょうそうめい》の名があげられる。

梁が主張した「統一国家、偉大な民族、最高の文化」という国自慢三点セットは、中国文人が共有の国自慢として「国際常識」とまで思い込んだ。とくに、中国人は世界でもっとも仁義道徳の倫理を重んじる「最高の文化」をもつ民族だと自画自賛した。

曰《いわ》く、「最高の文化」とは中国文化の寛容性からくるもので、中華文化は各民族を融合して、すでに「国家」を超えて「天下」にまで到達している。「天下」にまで達する文化は、優れた「華化」の力によるもので、周辺の蛮夷がかりに中華世界を征服しても、それはただ一時的にのみ軍事力が中華を上回るだけで、すぐ中華文化に同化される、もっとも哀れな民族はモンゴル人で、中華文化に同化されるスピードがあまりにも遅かったので、モンゴルの草原へ戻らざるをえなかった。中華文化はあまりにも優れているので、周辺の夷狄は競って中華文化を学び、早く中国に統一されるのを望み、願っている……とまで自己陶酔しているのだ。

梁は、モンゴルが中華の文化に同化されなかったのは哀れだと同情するだけではない。西洋文明も中華文明に劣ると主張する。それは、西洋はキリスト教文化だから多くの民族国家にとって代わり、そのため西洋は国家意識が過剰で天下意識は不足しているからだと言う。中国には階級がない、階級はすでに倫理に吸収されたもので、国家を乗り越えた社会となり、中国人は世界でもっとも偉大な民族となった、と主張しているのだ。西洋は文化から国家へと後退、中国は国家から天下へと統合したから、中華は西洋以上に文化が優れているなどと自画自賛している。

大方の中国人は「中華文化は西洋文化より優れ、世界で一番すばらしい。誰でも中国人になりたがる」と思い込んでいる。さらに九〇年代に入ってから中国経済の好景気に酔いしれ、「二一世紀は中国人の世紀だ」と思いあがり、「人類史の九五％は中国人の時代」という主張までしはじめた。だが、「中華振興」を中国人の歴史的使命と思い込み、中国人の世紀だとする主張には何の根拠もなく、ただの中華思想発作の症候群にすぎない。

では、中華文化、文明と称されるものとはいったいどういうものだろうか。その実像をもっとよく知る必要がある。

**辜鴻銘**（1857～1928）清末・民初の学者。13歳で渡欧、エジンバラ大学を優等で卒業。23歳で帰国後、17年間、清朝の大官僚張之洞の幕客を務め、中華民国成立後、蔡元培北京大学長のもとで英文学の講座を担当。辮髪をたくわえた保守派の名物教授として芥川龍之介と会談したこともある。1924年、来日し大東文化学院の講師として3年間滞在。

**梁漱溟**（1893～1988）中華人民共和国の思想家。蔡元培学長に招かれ、北京大学の教授となり、インド哲学を講じた。『東西文化および哲学』を著し、中国の伝統思想を称揚、次いで、理想的農村建設運動を実践。民主同盟創立に参加。人民共和国成立後、中国人民政治協商会議全国委員。毛沢東に自己批判を求めたことで知られる。

## ②世に魅力ある文化は中国にはない

中国の代表的文人である辜鴻銘や梁漱溟にかぎらず、大儒《たいじゅ》と称される中華文化の道学者たちはすべて、ただの自画自賛にすぎない。仁義道徳の倫理も、「百花斉放、百家争鳴」といわれる中華思想の黄金時代の「百花」も、文化と称されるほどのものではない。

古代文明から今日に至るまで、西から東へ、いわゆる古代ギリシャ化、ローマ化、オリエンタル化、イスラム化、インド化、あるいは「華化」といわれる各文明、文化のグローバリズムがあっても、華化、いわゆる王化、徳化というものは、古代人にとってさえそれほど魅力のあるものではなかった。中華世界から夷狄と称される者にとってもそういえる。

たしかに古代には、「三代」と称される「夏、商、周」の時代には中原で文化が花咲いた。長江以南の百越《ひゃくえつ》（長江以南からベトナムにいたる地域の民族）も「華化」された。しかし、せいぜいこの範囲である。中華文化の拡散力はすぐ限界に直面する。

春秋戦国時代に中華文明が花開いてからすでに数千年も経っているのに、今の中国にはなお も五五の非漢族が存在していること自体、中華文化の魅力、同化力そのものの限界を如実に物語っている。異民族は華化への同化を拒んだのであり、どうしても華化するためにはダライ・

ラマがいう「文化虐殺」という強制の手しかない。

比較文化論から見ても一目瞭然《いちもくりょうぜん》なのは、インド生まれの仏教が二千余年前の漢末から中華世界に流入し、東亜世界だけでなく南亜、東南亜、さらには中亜、西亜までも敬虔《けいけん》な仏教国家となり、イスラム文明が開花する前に、仏教文明がユーラシア東側の世界を帰依《きえ》させたことである。六朝以後の中華帝国はインド文明圏に編入され、そのサブシステムとして機能し、中国と自称しても、大インド文化、文明圏の一部という色彩が強いとする文化、文明論もある。逆に見れば、中華世界がインドから流入した精神文化の仏教を受容したことはあっても、中華文化でインドに流入したものは一つもない。

中華文化の華として、儒教をはじめ、もっとも人口に膾炙《かいしゃ》する（人々の評判になって知れわたること）のは、いわゆる「百花斉放、百家争鳴」時代の諸子百家《しょしひゃっか》である。だが、孔子、孟子《もうし》であろうと、老子荘子《ろうしそうし》であろうと、孫子《そんし》、呉子《ごし》など兵家であろうと、百家の説はほとんどが「目的方法」論しかない。仏教が中国に流入してから約七〇〇年以上が経ち、宋の時代にいたって、理気《りき》（宇宙の存在原理、道徳としての理と、物質現象としての気）の学が流行り、中国人がはじめて事物の本質に関心をもつようになる。古代インドや古代ギリシャのように「認識論」の関心が高まり、その集大成として朱子学や陽明学が生まれた。

中華文化とは、一言でいえば、「倫理を説いても論理がなく哲学もない文化」である。だから中国人は心も魂もないカカシといえる。

## ③中国人が心と魂のないカカシになった理由

日本ではよく「日本精神」「大和魂」といった言葉を耳にする。中国にも「精神」「魂」という言葉はあるが、ないものを身につけるための運動のスローガンとして唱えられることが多い。たとえば「雷鋒《らいほう》精神」や「延安精神」、「大寨」「大慶」精神に学べという運動が、よく鳴り物入りで大々的に鼓吹される。ないものに学ぶのが大衆運動である。

**雷鋒**（1940～1962）中国人民解放軍の模範兵士。トラックを立て直す作業中、頭を強く打ち殉職。死後、指導者の言葉を引用した日記が発見され、軍人の理想モデルとして取り上げられる。1963年に毛沢東によって、「雷鋒同志に学ぼう」運動がはじめられた。このスローガンは文革中、新聞や教科書で用いられ、無私の象徴として偶像に祭り上げられた。

中華思想はあっても中華精神というものはない。儒教の教説をむりやりに「中国魂」にするのは、孔子の本意に反する。孔子はあくまで、「生さえ知らぬ、いわんや死をや」「鬼神を敬して遠ざける」というスタンスで、「貧にして賎の」出身であったから、生涯仁や義を口にしても魂や精神を口にしない世俗的な人間だった。

超古代の中国、たとえば殷《いん》代には、日本の原始神道のような古代人の信仰心もあった。だが、春秋の時代に世俗化が進み、「信仰」といえば、北方の「天」と南方の「鬼」（祖先）しか残らなかった。心や魂からくる精神が時代とともに消えてしまったのも世俗化が昂進したからである。信仰心が薄れていくと、反対に実利的、現実的な性格が強まるため、ますます欲望に支配され実利的になっていく。

儒教は「教」という字がつくものの、宗教というよりも倫理的規範であり、時代が下るにつれて儒家独尊によって人間の心や魂が奪われてしまうので、カカシになってしまうのだ。

アーノルド・トインビーの文明論によれば、文化を中心とし政治経済を外周とするものが文明だと説く。それを上下にすれば、マルクス史観の上部構造と下部構造の理論と似ている。トインビーによれば、文化のコアが高等宗教だという。そして中華文明のコアが儒教だとされ、高等宗教とみなされる。

儒教がはたして宗教かどうかはじつに論議が尽きず、宗教的色彩といえば、むしろ道教のほうが強い。道教は多神教的、しかも土俗的な色彩が強く、高等宗教と称されるのはむずかしい。しかし、儒教以上に宗教的色彩が強いのは中華思想である。私は、この中華思想は儒教以上に中国教と称するのにふさわしいと考える。

儒教は仏教や神道、さらに道教と異なり、ユダヤ教やキリスト教、イスラム教のような一神教的性格をもつ。儒教をもし宗教の次元で分類するとすれば、むしろ無神教的な倫理規範ともいえる。いかなる一神教に比べても、強制しないかぎり、あるいは伝教師にあたる儒教徒による教化がないかぎり、ほとんど拡散力がない。だから漢末の黄巾の乱後、北方から起こった五胡十六国の天下大乱によって、儒教を伝授する道学の士はほとんど中原の地から逃げ散ってしまったので、宋まで六朝の時代は仏道の抗争の時代となっていた。

このような中華文化の性格から、心も魂もない中華世界との文明の衝突と文化の摩擦《まさつ》は、ほとんどが儒教徒による大虐殺や「文化虐殺」という形で行われた。その例として、「三武一宗」によって仏教徒が大虐殺された破仏、一九世紀末からずっとつづくイスラム教徒皆殺しの「洗回」、そしてキリスト教徒皆殺しの義和団の乱がよく知られている。

無神教だから「宗教は人民のアヘン」と断言され、宗教は弾圧されてきた。中国の民族問題の本質は、無神教である孔子 vs. 釈尊《しゃくそん》やムハンマドの宗教的対立であることを見逃してはならない。

## ④漢字文明の限界

「日本人はどこからきたのか」という問いは、日本人がずっと関心を抱いてきた問題の一つである。「騎馬民族説」をはじめ、言語学からもさまざまな説がある。

だが、「中国人はどこからきたのか」という問いについて、中国人はあまり関心がない。大昔から中原にいたとされる「黄帝《こうてい》の子孫」や、「炎黄《えんこう》（神農と黄帝）の子孫」という漠然とした伝説を信じて疑わない者がほとんどである。

秦始皇帝以前の中国は先秦時代といわれ、春秋戦国時代以前の中国は「夏、殷、周」三代と称され、もっとさかのぼれば「三皇五帝」という伝説の時代となる。

では原中国人である華夏《かか》の民（漢民族を構成する民族）と称される中原の住人はいったいどこからきたのかについては、さまざまな説と研究がある。中原の住人である夏人は、マレー・ポリネシア系、殷人（商人）は北方系だったとする説もあるが、私は他の古代史家の考えとはやや異なり、甲骨文字の配列・語順と文法から推考してタイ語系か百越系ではないかと考える。周人は西方の砂漠からやってきた半農半牧の民族で、約二〇〇〇年もの間に交信のメディアとしての漢字という表意文字を通じて、言語を超えて、黄河中下流域の中原地方での華夏の民が生まれたと考えるのが妥当であろう。戦国七雄が使用していた言語と文字は決して同一ではないので、始皇帝は六国を征服した後、文字をはじめ度量衡《どりょうこう》（ものさしと単位のこと）まで統一した。その文字が現在使用されている漢字に近いものである。

紙が発明され、木版印刷が普及する以前には、漢字を書き記す道具は、亀の甲羅《こうら》や牛の肩甲骨《けんこう》か金属、石、木片、竹、絹だから、使用するのは特定の士大夫《したいふ》（官僚・地主・文人を兼ね備えた者）階級に限定されていた。道具は高貴なもので、運搬するのが大変だったため、字数をなるべく圧縮して減らしていった。言語というのは文字に比べ、時代とともに変わりやすいもので、文と語は徐々に乖離《かいり》していく。

語彙《ごい》にはさまざまな故事が入り、「註釈」がないとますます読めなくなる。たとえば『孫子』をどう読むかについて、さまざまな注があり、「十家註《じっかちゅう》」が有名である。「注」があってもまだ意味不明なら、それまた「注の注」にあたる「疏《そ》」（注釈の意）がある。私の高校時代には、国文の授業で教わる朱子学と陽明学の「格物致知《かくぶっちち》」という文意の解釈だけでも約八〇通りもある。どう解釈するか、国文試験の点数をどう取るか、解釈が百出である。漢文とは「一知半解《いっちはんかい》」（知っているようで知らない）の文章体系である。

日本語はアルタイ語系のツングース語族に近く、満州語や朝鮮語に近いので、漢語とは別語系である。だからカナを開発して、漢字やカナ混じりの文章体系を確立した。漢字、漢文は表意文字として視覚文化、カナは表音文字として聴覚文化に属す。日本はすでに遣唐使の時代には、視覚聴覚という優れた交信のメディア体系を確立していた。それは日本史上最大の発明であると私は考えている。

日本が独自の文字を創出したことによって、唐周辺の諸民族は競って独自の文字を創り、中華に学ぶ必要がなくなったのだ。今日において、日本の文化文明の性格を動機づけるのは、漢字・カナ混じりという視聴覚を兼ね備えるメディアのシステムである。

## ⑤儒教が中国史の主流思想となった理由

漢・武帝以前の中国では、儒教思想は中国の主流思想ではなかった。秦始皇帝の時代に「焚書坑儒」が実施され、禁教になったことは史上では有名である。

では漢・武帝以後から近代までなぜ中国の主流思想となり、官学として、国教ともいえるような地位を獲得したのだろうか。その問いに対しては、儒教が「体制を平和安定に保つのに最適」という体制の学として、ごく一般的な常識として学者が説いている。この通説ははたして正確だろうか。再考する必要があると私は考える。

そもそも中国には、黄河文明に先行する長江文明があった。その流れを汲むのは春秋時代に北方中原諸国と対峙《たいじ》し、孔子が「尊王攘夷《じょうい》」の夷だとした長江文明の流れを汲む呉、越と楚の国々であった。楚は毛沢東の祖先の地として知られ、毛沢東が訪中した田中角栄に屈原《くつげん》の『楚辞《そじ》』（戦国時代楚で謡われた詩集）を贈ったのも知られている。春秋時代には中原諸国に対する脅威として、「楚蛮」「荊《けい》（楚の古名）蛮」とも呼ばれた地であった。戦国時代になり、楚も中原の国々から「中国」として認知されるようになった。

精神文化から見れば、東アジア全域でもっとも原始的な精神文化はシャーマニズムと考えられ、やがてそれをより高次的に理論化したのが長江文明では原初的老荘思想、北方の黄河流域では原始儒教思想であると考えられる。

そのもっとも大きな考え方のちがいは、老荘思想は「自然」回帰《かいき》を説くのに対し、北方の原始儒教は反自然の「人為」を説く点である。この考えの本流から、戦国の時代になると、いわゆる「百家争鳴」の時代となり、列強が対峙し競争し合うと、さまざまな富国強兵の策が唱えられ、孫子、呉子の兵法をはじめ、蘇秦《そしん》、張儀《ちょうぎ》など遊説の士の弁説学などが諸国に広く受け入れられ、実用の学として採用された。一方、この競争の時代、孔孟の儒学や老荘の道学は人気が今一つであった。

戦国初期には孟子までが嘆いた「非楊即墨《ひようそくぼく》」の言葉が象徴的だった。競争の時代になると、楊朱《ようしゅ》の「天下のために毛一本抜くことも、オレはしない」と主張するエゴイズムと墨翟《ぼくてき》が説く

「兼愛（博愛）」と「非攻（平和主義）」が天下を二分、一世を風靡《ふうび》したのだった。たとえば天下を統一した秦はむしろ商鞅《しょうおう》や韓非《かんび》のような法家の策を採用して最大の強国、いわゆる「強秦」になって天下統一の国力を得たのである。

ではあまり人気がなかった儒家思想がなぜ漢の武帝以後の官学となり、中国を代表する思想となったのだろうか。精神史や思想史だけではなく、比較文化、文明学、また、地政学と生態学、植生学から見れば、その理由はもっと明瞭になる。

古代日本にも山の民の縄文文明と田の民の弥生文明、そして海の民の倭人もいた。では縄文文明と弥生文明はなぜ融合が可能だったのか。そこから生まれた原始神道が習合の原理を生んで日本文明をつくり、そのしくみが今でも機能している。古代中国の殷の時代にも日本の原始神道のような信仰があった。やがて周の時代になり、「天」の信仰が残っていても、殷の「鬼」（祖先）の信仰のみ残って、信仰心が徐々に消えていった。

そもそも孔子の父祖たちは殷人だったが、周に征服されたから、孔子は死ぬまで周人になりすましていた。今でいえば、在日朝鮮人の二世が日本人として活動しているのと似ている。

孔子が「鬼神を敬して遠ざける」と口にするのは殷人らしくない。そもそも儒教集団はあの時代の葬儀屋でギルド集団だった。冠婚葬祭を請け負い、残飯を漁っているグループだった。儒教の説は矛盾だらけで、口では「鬼神敬遠」を主張する一方、職業柄「祭祀《さいし》」を主張し大々的に行ったという矛盾が、論敵の墨子集団（大工のギルド集団）からこてんぱんに叩かれた。

孔子以後、儒教の門徒衆の中には、孟子だけでなく荀子《じゅんし》のような大学者も輩出しているが、やはり競争社会を高論卓説《こうろんたくせつ》だけで生き残ることはできなかった。

儒教が漢の時代に入ってから復活、抬頭しはじめたのは、武帝が官学として百家を排除、弾圧してからである。過保護でないと競争に弱いからであろう。

漢の時代に入ってから自然が崩壊しはじめ、水害や旱魃《かんばつ》が大地を襲った。漢の武帝以前の「文景《ぶんけい》の治」（ＢＣ一八〇～ＢＣ一四一）といわれる文帝と景帝のときのような「黄老《こうろう》（黄帝と老子を祖とする哲学）の術」という自由放任（レッセ・フェール）の国是はすべてなくなっている時代である。だから儒教が約二〇〇〇年にもわたり、中華帝国の官学となったのは、中国の自然環境が時代が下るにつれて加速的に崩壊し、「自然」に回帰可能な生存条件を失ってしまったので、「人為」を説く儒教がないと生き残れないからだ。

**蘇秦**（？～ＢＣ３１７？）戦国時代の弁説家。縦横家の代表人物であり、諸国を遊説して合従（秦以外の国を同盟させ、それによって強国である秦の進出を押さえ込もうとする）を成立させたとされる。
**張儀**（？～ＢＣ３０９）戦国時代の遊説家、政治家。蘇秦とともに縦横家の代表的人物。蘇秦の合従策を、個別に同盟関係をもちかけて連合を分断した連衡策で打ち破り、宰相として秦の統一に貢献した。
**楊朱**（ＢＣ３７０？～ＢＣ３１９？）春秋戦国時代の思想家。個人主義的な思想である為我説（自愛説）を主張した。人間の欲望を肯定し、自己満足が自然に従うものであるとした。儒家、墨家に対抗し、異端として孟子などから排撃される。

**墨翟**（墨子）（BC480～BC420？）戦国時代の思想家。墨家の始祖。いっさいの差別がない博愛主義（兼愛）を説いて全国を遊説した。いわゆる墨子十大主張を主に説いたことで世に知られている。

**商鞅**（BC390～BC338）戦国時代の秦国の政治家・将軍・法家・兵家。法家思想をもとに秦の国政改革を進め、後の秦の天下統一の礎を築いたが、周囲の恨みを買って処刑された。

**韓非**（BC280？～BC233）戦国時代の思想家。『韓非子』の著者。法家の代表的人物。韓非子とも呼ばれる。

**荀子**（BC313？～BC238？）戦国時代末の思想家・儒学者。斉の襄王に仕え、斉が諸国から集めた学者たち（「稷下の学」）の祭酒（学長職）に任ぜられる。「性悪説」で知られる。

## ⑥儒教国家としての不幸

秦始皇帝時代に長らく弾圧されていた儒教は漢の武帝以後復活し、官学として採用されるようになった。しかし、競争力がない儒教は「独尊」でなければ生き残れず、競争相手の「百家」を排除することで何とか官学の座にとどまることができた。人民共和国成立後もマルクス・レーニン主義や毛沢東思想を独尊して奉じ、異学、異論を排除して言論や学問の自由を制限しなければならなかった。「鳴放運動」から「反右派闘争」まで、歴史が繰り返されることを物語っている。

ではなぜ儒教が官学として過保護な扱いを受けなければ国学にはなりえなかったのかというと、儒教思想は「法治主義」に反対し、「徳治」つまり「人治」を理念とするからである。孔孟の時代から、法家思想とは対立しつづけてきた。

儒家思想の政治論としては、「有徳者が天命を受けて天下に君臨し、天子として万民を統率する」が、天子の徳が衰えれば、新しい有徳者が取って代わって天子となるというもので、それが易姓革命である。孔子は伝説時代の堯《ぎょう》、舜《しゅん》、湯《とう》王、周の文武《ぶんぶ》、周公《しゅうこう》を理想的な聖王として徳治を説いた。

社会のしくみとして、礼か徳か、あるいは法かという対立から、孔孟と老荘、そして法家の間で闘わされてきた数百年にわたる論争がいわゆる「百家争鳴」の時代だった。儒家が秦の時代に「焚書坑儒」の弾圧に遭った背景には、法治か徳治かの思想的な対立があった。

秦の国家原理はローマ帝国に似ていて、万民法に基づく法治国家を目指した。漢が儒家を官学にしたのは、秦と反対に徳治を目指したのであろう。

だが儒教国家の存続ははたして可能だろうか。武帝の二代後に即位した宣帝は、早くも儒教が説く道徳政治の欠点を見抜き、儒教に傾倒していた太子に注意した。儒者は本の読み過ぎで現実と夢の区別がつかず、古いものばかりにしがみついている。こんな連中をまともに相手にしていては、国の前途は多難であるとして、「わが家を滅ぼすものは太子であろう」と言った。

宣帝の「儒教亡国論」は見事に的中した。後の元帝の代で外戚の王莽に漢の天下を奪われた。彼の「新」は儒教の千年王国を目指して、空想的な国家社会主義社会をつくろうとしたが、逆に天下大乱となって、儒教王朝が消えた。

儒教が説く統治とは、いわゆる「正心、修身、斉家、治国、平天下」という修身から天下を治める道徳政治である。だが、中国の史実を見るかぎり、そのような有徳者が天子となり、明君となった例は一人もいなかった。漢の武帝は太子と殺し合いをし、唐の太宗は玄武門の変で兄の太子と弟の一族を皆殺しにし、宋の太宗と明の世祖も兄弟を殺して天子となり、中国史上の明君、名君となった。極悪非道の家族殺しでなければ明君になれなかった。修身ができた君主はたいてい暗愚の君主である。じっさいには法がなければ、国を治められない。だから儒教が説く徳治とはあくまで建前のきれいごとにすぎず、「陽儒陰法《ようじゅいんぽう》」ともいわれる。

## ⑦国内で批判される儒教思想

孔子は儒教を興した教祖であるとされているが、孔子みずから「述べてつくらず」と語っているように、創始者というよりも、周公や管仲《かんちゅう》のような先人の説をかきあつめて語った語り部と見たほうが史実に近いといえる。

当時、孔子はかなり就職活動をし、「七二君とまみえて」懸命に自分を売り込んだものの、志を得ることができなかった。孔子は「古礼」に詳しいと自称しているが、貴族出身ではないので、いったいどこで礼を学んだか知る由もない。父を早く亡くし、巫女《みこ》の母との母子家庭に育った孔子は、独学で祭祀について知るようになったのではとも考えられる。

マックス・ウェーバーによれば、孔子の話はインディアンの酋長《しゅうちょう》から村人に語る世間話のようなもの。もちろんどこの君主からも志を得ることができなかったので、孔子の『論語』は弟子たちにもらす恨みつらみの愚痴《ぐち》。ニーチェの言葉をかりれば、ルサンチマンの恨み言で、孔子の仁義道徳の倫理は、強者の道徳ではなかった。

だから、当時の春秋戦国時代には、すでに論敵の墨子《ぼくし》から、言っていることとやっていることが矛盾だらけ、孔子が言う「仁」とはせいぜい家族愛ぐらいのもので、もっと必要なのは、「兼愛」（博愛）だと反駁《はんばく》された。「大道廃《すた》れて仁義あり」と述べ、「仁義」が必要とされる社会のしくみを探って、儒教の説の非を指摘した老子は、真正面から「絶仁棄義」を主張、仁義を捨てろと諭した。荘子はもっと皮肉っぽく、「盗跖《とうせき》の説教」を書いて、盗賊にも仁義があり、「盗賊の仁義を守れば盗聖になれる」と説いた。

漢の武帝以後、儒教は官学になったものの、六朝の時代に儒学者は迫害を逃れて逃げ散ってしまったので、中華世界だけでなくユーラシア大陸の東半分では一時、仏教が流行り、仏教の全盛期を迎えた。

儒教が全盛期を迎えたのは、宋以後に科挙制度が本格化され、仕官のために必要だったからである。だが、近代に入ってから、また受難の時代を迎えた。

キリスト教系カルト集団の上帝会《じょうていかい》が「太平天国」を建国した後、「孔教」排斥を国是に掲げた。ことに北方で起こった土俗的カルト集団の捻軍十余万人が山東省に攻め込んだ際、孔子一族の子孫は皆殺しにされ、墓陵《ぼりょう》を暴かれ、宗廟《そうびょう》をことごとくぶち壊された。民国以後の五・四運動や文革のころの「批林批孔《ひりんひこう》（林彪と孔子に対する批判運動）」運動では、儒教は中国反動勢力の元凶として徹底的に排除、断罪された。

近代になって、孔子学への批判は、西洋学者からだけでなく、明末の李卓吾《りたくご》をはじめ、保守的文化人からも沸いて出た。たとえば『仁学』を著した譚嗣同《たんしどう》は、儒教の「三綱五倫」の朋友のみ「平等関係」として評価し、残る四倫（君臣、父子、夫婦、兄弟）はすべて破棄すべきだと主張した。西洋学問の影響を受けた孔子批判の嵐は、民主、民権派から社会主義、無政府主義派の間にまで吹き荒れ、五・四運動期の「打倒孔家店（孔子一派を打倒せよ）」のスローガンにまでつながっていく。

民国革命三尊の一人、章炳麟《しょうへいりん》も孔子は支那の禍根《かこん》と認め、儒者の志たるや卑しいという。「孔毒」や「儒教の毒」を絞り出そうとむらがったのは主に社会主義者と無政府主義者であった。

**管仲**（?～BC645）春秋時代における斉の政治家。桓公に仕え、覇者に押し上げた。管仲と鮑叔の友情を後世の人が称えて管鮑の交わりと呼んだ。

**李卓吾**（1527〜1602）明代の思想家、評論家。陽明学者。儒者によって貶められてきた歴史上の人物（始皇帝）や文学の顕彰が挙げられる。日本でも吉田松陰が獄中に於いて李卓吾の『焚書』を読んで非常に感激したという。
**譚嗣同**（1865〜1898）清朝末の改革主義者、民族主義者、哲学者。戊戌変法に参加したが、戊戌政変に遭遇して捕らえられ、刑場の露と消えた。

## ⑧国外で儒家思想はどう見られているのか

近代の東洋について西洋に紹介したのは、日本や中国の教科書にも出てくるイエズス会士のマテオ・リッチである。「四書」「儒教」「科挙」を西洋に紹介するとともに、西洋の「幾何学本」や ヨーロッパ地図の「坤輿《こんよ》万国全図」なども東洋に紹介した。レッグ博士が二一年かけて心血を注ぎ、不朽の大著「四書五経」を完訳したのは、明治維新前の一八六六年であった。

西洋人の評価が孔子よりも老子に対して高いのは、孔子の復仇《ふっきゅう》（あだうち）主義とは逆に、「怨に報ゆるに徳を以てする」という老子の思想が、キリスト教の「汝の敵を愛せよ」という訓言《くんげん》に近いからだ。

ヘーゲルは孔子の道徳論をあまり高く評価していない。通俗的、思索的哲学を有せず、迂遠《うえん》で平凡という。マックス・ウェーバーから見た儒教は、呪術的で近代的西洋風の合理性が欠如した思想と批評し、中国人は欺瞞《ぎまん》的性格を持ち、不正直で不道徳だとするルソーやモンテスキユーの見解に同感している。歴史上の皇帝は大半悪人や凡庸《ぼんよう》であり、「聖王」としての説とはむしろ逆だと説く。中国人はゲーテがいうファウスト的精神が欠如しており、西洋文明とのちがいは中国文化自身に内在する動力がなく、発展の軌道も精神的面貌《めんぼう》も有しない、と指摘している。

それは経験主義と尚古《しょうこ》主義（古い時代の文物、制度などを尊び、これにならおうとする考え方）からくるものと私は推測する。日本が中華文明をもっとも積極的に取り入れたのは、遣隋使と遣唐使の時代であった。まことに幸運なのは、あの時代は儒教はほとんど中華の大地から消えて、仏教の全盛期であったことだ。儒教が日本に受容されたのは、やっと江戸時代に入ってからである。日本で新儒学といわれる朱子学が官学に近い地位を獲得したのは、やっと江戸の時代になってからで、山本七平によれば鎖国によって日本文化がもっとも強い色彩をもった時代であった。

日本まで儒教文化圏であると一括《ひとくく》りにする人もいるが、日本史学者津田左右吉《そうきち》は、儒教はほとんど日本には土着していなかったことを明瞭に論証していた。江戸時代に朱子学が官学となったものの、支那や朝鮮とはちがって、日本にはすでに鎌倉仏教も神道もあり、国学も蘭学もあり、さらに朱子学の天敵である陽明学もあった。当時の思想や精神世界はきわめて多元的にしてダイナミックであった。

儒学と国学がまったく相容《あいい》れないのは、儒学が「勧善懲悪」ばかりの「漢意唐心」に対して、国学は「純と誠」を説く「和魂和心」の学であるからだ。「経典」に書かれていることを鵜呑みにして、中国を「聖人の国」「道徳の国」と錯覚、幻覚する儒学者とはちがって、「直耕」（すべての労働者が額に汗して働くということ）と「自然真営道」を主張して儒教聖人の「五逆」「十失」を批判した安藤昌益の反論は、きわめて極端にしてユニークである。

脱亜《だつあ》論を説く福沢諭吉は儒教主義を「外見の虚飾のみを事として、真理原則の知見なき、自省の念なき者の如し」と述べて野蛮な教えだとみなし、だから文明開化すべきだと説くのである。

中国問題の研究者でジャーナリストの橘樸《たちばなしらき》は「儒教は昔も今もかつて中国（の民衆）の信仰を受けたことはない」と中国人の中国観を批判、中国文学者の青木正兒《まさる》は『江南春』の中で「儒教と老荘」思想の性格を比較、「儒禍と道福」を説いているのも、近代日本人の儒教観を代表するものの一つである。

## ⑨魅力あるソフトウエアがないのが致命傷

中国人にとって最高の国自慢は文化と人口である。国が大きく、人口が多い。一つの姓だけでもヨーロッパの一民族の数を上回る。陳、林、李、蔡《さい》は天下の半分などという俚諺もあるが、一三億の人口から単純計算するとまんざら嘘でもない。統計数字を見てもこの四姓の実数はそれぞれ億に近いので、日本の総人口がやがて陳さんや林さんに追い越される可能性も大きい。

学校教育でも国自慢の三点セットとして「地大物博、人口衆多、歴史悠久《ゆうきゅう》」が大きな声で朗読させられ、子供たちが絶叫する。

「歴史悠久」という自慢は、「五〇〇〇年の歴史文化」を有する中国の文化は世界最高で、ことにどういう文化が最高かというと、儒教の仁義道徳の倫理であるという。世界の諸民族はみんな中国人になりたがっていて、中国に「統一」してもらいたがっている。中国五〇〇〇年史の中で、かりに夷狄によって中国が一時的に彼らの軍事力に圧倒されても、やがて中国に侵入した夷狄はすべて中国のすばらしい文化に征服され、地上から消えていく。しかもやがて天主《てんしゅ》（キリスト教）も天方（イスラム教）も、至高にして至大の儒教に同化されて三教合一となり、世界の人類は同教同倫《どうきょうどうりん》となり、至福千年の世がやってくる……。中国人はこう信じて疑わない。

学校教育ではいくらこのように自慢していても、じっさいには中国政府も民間学者も中国の文化は荒廃し道徳は最低であるとみずから語り、認めている。中国近代文学の父魯迅がよく口にするように「物は比べてみなければわからない」のだ。

小中学生の時代に「国自慢」を教え、愛国心を育て、誇りをもたせることは決して悪いことではない。日本人であるのが恥ずかしい、だから地球人や宇宙人になりたいと言う文化人や政治家が日本には少なくないが、そんな自虐的な人たちよりも、むしろ国に誇りをもつ政治家や文化人が望ましいと私は思う。

古代中国人が「中原」や「華夏《かか》の民」を誇りにし、周辺の人々を夷狄視したことは、あの時代の天下観としては理解もできる。だが、時は流れ、世は変わる。二〇〇〇年も前の漢末から六朝時代にかけた天下大乱の中で、儒教よりも仏教が心と魂の救いの精神文化として中国人を魅了し、受け入れられた。唐の時代が過ぎると、中華文明、文化はほとんど魅力を失い、拡散力がなくなり、周辺諸民族のほとんどが独自の文字を創出し、自文化に誇りを抱きはじめた。もっとも遅い朝鮮人でも一五世紀にハングルを創出している。

中国を征服したモンゴル人が、漢文化に魅力を感じず見向きもしなかったことを、中国人は「哀れ」と同情するが、すでにユーラシア大陸の諸文明と接触していたモンゴル人は漢文化に魅力を感じなかっただけのことだった。

漢人からすれば纏足は女性最高の美であるとの美的感覚があり、近代の代表的文人の辜鴻銘が「国粋」だとほめそやしても、夷狄はそうは思わない。それは美意識の違いだった。中国人がいくら自分たちの精神文化は世界最高と自負していても、西夷が見向きもしないのは、決して「野蛮人」だからではない。文化意識が違うからである。

中国は「五〇〇〇年の歴史文化」を誇りにするが、東来の西夷から見れば、インドに比べても、イスラムに比べても、やはり中国は「野蛮」にしか見えない。たとえばマルコ・ポーロやイエズス会士のマテオ・リッチの到来後に中国を訪れた西洋人が抱いた中国観をみてみよう。

マカートニー（英王ジョージ三世の特使）「半野蛮人」

J・F・デイビス（英公使と香港総督）「半文明中国」

J・レッグ（『中国の宗教』を著した欧州屈指の中国通）「野蛮への回帰」

以上は実地見聞から見た代表的な中国観である。当時、西洋における思想界の巨魁《きょかい》、たとえばヘーゲルやヘルダー、マルクスは中国を「生きた化石」や「密閉化された棺桶《かんおけ》に注意深く保存されているミイラ」とみなし、ロマン主義者のユーゴも「フォルマリンに保存される胎児」と語っている。

開国維新後の日本の先賢《せんけん》たちは、江戸時代の朱子学者ら中国の専門家とはちがって、中国は「文明」的であるよりも「野蛮」であるとみなした。だから福沢諭吉のように「文明開化」を唱えたのである。西夷はもちろん、東夷の日本さえ中国を野蛮とみなすようになり、中国に学ぼうという民族は地球上にはいなくなった。

では中国はなぜ「文明から野蛮へ」回帰したのだろうか。「進化論」とは逆に「逆進化」したのだろうか。その理由は多々ある。「尚古主義」もその一つである。尚古主義とはもっとも簡潔な言葉で言い換えれば、「昔はよかった」という考えである。もっとも極端なのは、「ただ学び」「伝承」「稽古《けいこ》」に励むのみで、すべての異論異見を禁止し、創造性を否定したので、「野蛮への回帰」となったのだ。

もちろんそれはただ儒教が「述べてつくらず」だけではなく、諸子百家《しょしひゃっか》はこぞって「託古《たくこ》」つまり古代聖人の説を仮託《かたく》するので、前向きの否定となる。

今の中国はいくら経済力や軍事力が突出していても世界にとって魅力あるソフトウエアがない。すでに捨てられた孔孟の思想は復活のしようがない。中国政府の資金で各国の大学に設置されている孔子学院が教えているのは、ただの中国語や反日映画の鑑賞で、情報、諜報《ちょうほう》の活動アジトという役割のみである。つまり諜報センターである。

# 六章

# 「統一」がもたらす中国の悲劇的な宿命

## ①「統一」とは何かを問う

今の日本人は「統一」が何かを考えたこともない。日本にも南北朝や戦国の時代があった。織田信長の「天下統一」は「天下布武《ふぶ》」と語られることが多い。

昭和三〇年代にある台湾の留学生が、当時の代表的文化人である清水幾太郎学習院大教授に、「統一のいったいどこがよいのか」と質問した。日ごろ中国から「統一せよ」と脅しを受けている台湾人にとっては、きわめて常識的な問いだ。

だが、清水教授は愕然《がくぜん》としてしばらく考えてから、「私は生来一度も統一とは何かを思索したことがない。一人の哲学者としてじつに恥ずかしい」と答えた。

「統一のいったいどこがよいのか」など、日本人は考えることもなかろう。「統一」という考えもまた中華思想の一つである。中国人にとって「統一」とはアプリオリ的な最高価値であり、絶対抗弁《こうべん》を許さない。

それは中国人にかぎらず、韓国人もそうである。一〇〇〇万人離散家族の悲劇を解決するために、「南北統一」を民族最大の悲願とし、「統一省」という役所まである。それでも半世紀以上経っても統一していない。統一できないのは誰のせいでもない。日米中露は南北朝鮮が統一することに反対も阻止もしていない。それでも統一は南北朝鮮にとっては相変わらず夢のままである。

中国もそうである。ヨーロッパには多くの国があるが、中国はすでに統一している。統一された中国は西欧よりすぐれているというのが一つの国自慢である。ＥＵが一九九三年に実現した後、朱鎔基首相はあわてた。朱首相は政府高官や党幹部に「同志たちよ！　しっかりしないと中国の世界統一はＥＵに先を越されてしまうぞ」と檄《げき》を飛ばし、焦りと危機感を露わにしている。

はじめて中国を統一したのは秦始皇帝で、以前には春秋戦国、漢以後にも三国から五胡十六国、北南朝、そして唐以後の五代十国の時代があった。韓国も統一新羅《しらぎ》以前にも三韓や三国の時代、今では南の韓国と北の朝鮮がある。それが歴史である。

では「統一とは何か」だが、これを定義するのはきわめてむずかしい。中華思想に基づく「統一」とは、一つの思想を理想とし、天下一国主義が世界の夢だと勝手に考える。中国人は近代になってからも天主（キリスト）、天方（イスラム）、儒教の三教合一で、世界がすべて儒教に統一され同教、同倫（理）であれば、人類にとって至福の千年の世となるという夢がある。

中国がいつ「統一」されたかという定義についての議論には結論が出ていない。清の乾隆帝時代の最大版図が「真の統一」だとする主張は多くの賛同を得て、中国の夢にもなっている。

## ②天下統一の政体を問う

国家にはさまざまな「かたち」がある。人類有史以来、都市国家あり、封建国家あり、世界帝国あり、近現代の国民国家もある。国体も政体もさまざまで、中華人民共和国のような「人民専制」（プロレタリア独裁）もあれば、議会民主制もある。

江戸時代のような幕藩体制は中央集権体制とはちがって、アメリカ合衆国の連邦制に近い。ソ連のような国家連合に似ているとの見方もある。近代的な用語を用いれば、徳川合衆国や江戸連邦といえないこともない。パックス・ブリタニカやパックス・アメリカーナにも似ており、思想家大川周明は戦前の列強時代の国際力学関係を江戸幕藩体制になぞらえてブリタニカ幕藩体制だと説いた。

中華人民共和国はチベット、ウイグル、南モンゴル、満州をも併呑したので、ほぼ明の時代の伝統的な領土である「内中国」といわれる一八省よりも三倍大きい。領土が全ヨーロッパを上回るだけでなく、人口も三倍以上ある。

内中国だけでも各地方の地形、地勢、生態、言語、習俗が異なり、利害関係の対立もある。ヨーロッパはキリスト教文明文化を共有するが、中国はそれ以上に多元的な世界である。

そもそも中華帝国は一つの天下であって国家ではない。多元的な天下をむりやりに一元的に統一し、一つの天下国家にしたのである。内部矛盾の葛藤《かっとう》を生み、争乱が絶えないのはここに原因がある。だから秦始皇帝が六国を滅ぼし天下を統一した後は、封建制ではなく中央集権制にするしかなかった。具体的にいえば、中央は血統による継承制であるのに対して、地方の官僚は中央からの派遣制である。現在の中華人民共和国はすでに皇帝制度がなくなったものの、実質的に皇帝制度と変わらない。中央は一家一族に代わり一党一派による欽定《きんてい》（指名）の継承制で、地方の政府は中央による派遣制であり、権力のあり方は民意を問うシステムによって決まるのではない。

人民共和国は「社会主義」制度の原則を掲げながらも、実質は権貴資本主義のように、二〇〇〇年にわたる皇帝制度とは質的にはほとんど変わりはない。中央集権体制と地方分権の最大の特徴は、中央と地方との間の避けられない対立である。いかにして地方諸侯の抬頭をおさえるかにある。中央の一極集中は世襲制が理想的だが、人民共和国は「人民専制」を堅持し、一党専制は血の世襲でなくても、次代の国家指導者は実質的には先代による欽定（指名）によって決まる。中央集権体制を安定させるためには、独裁専制が絶対避けられない。

だから、国家指導者は党だけでなく、政、軍を牛耳らないと社会が安定せず、そうでなければ政権も安定できない。

## ③なぜ統一は経済的独占と超植民地統治をもたらすのか

天下統一は政治的な集中や一元化だけでなく、必然的に経済的独占をもたらす。そして、超植民地的な搾取《さくしゅ》をもたらす。それはなぜか。

統一を維持するには、その政治制度を支える経済力がなければならない。中国は有史以来、重農軽商（農民重視、商人軽視）の政策であろうと、封建的経済制度であろうと、資本主義制、社会主義制であろうと、あるいは陳雲が主張する「鳥籠経済」や現行の「改革開放」であろうと、中国の歴代王朝の経済制度が若干異なるにしても、政治を支える経済的基盤は税によって成り立つ。始皇帝の例を見ると、六国を滅ぼした後、豊臣秀吉の「廃刀令」を上回る大規模な刀狩りを行って天下の兵器を集め、一二の銅像を鋳造《ちゅうぞう》した。そして天下の富豪一二万家をすべて首都咸陽《かんよう》に集め、天下の富を中央に集めた。これは始皇帝のみならず、歴代王朝すべてがそうだったので、マックス・ウェーバーは中国を「家産制国家」と称した。中国人自身も「家天下」と称している。

二〇世紀の清末から民国時代にかけての中国の富豪は、商、工界よりも地方軍閥が断トツに多く、小軍閥でもその資産は実業家の数十倍か、それ以上に上る。深刻な格差は経済だけにかぎらない。国富は党の幹部や高官、ことに軍幹部に集中している。

では、このような経済的格差はどこからきたのだろうか。これをもっとも総括的に言い表している言葉は「権銭《けんせん》弁証法」である。つまり、権力は銭をつくり、銭は権力を買うという「弁証法的」財産増殖法である。企業内でも「幹部倫、班長肥、三千職工三千賊」（幹部かっぱらう、班長は肥《こえ》る、三〇〇〇の職工三〇〇〇とも泥棒）。上から下まで国富を私利に変えていく。汚職、不正所得については、政府の御用経済学者の推定はGDPの十数%となっているが、じっさいは二五～五〇%という説もある。

だから「統一」とは政治的一極集中だけでなく、経済的中央への一極集中でもある。基本的にはすべての権と銭への中央一極集中である。具体的な例をあげれば、人民共和国の時代になっても、満州（東北）の後、改革開放初期まで、上海の富のほとんどが北京にとられてしまう。地方のカネ、モノ、ヒト（人材）はすべて北京に集中するのだ。

チベットやウイグル、南モンゴルを中国の植民地と見る植民地観が近年強くなってきているが、古来、中国は人類史上最大の超植民地搾取の国家であった。ソ連解体後、今でも人類史上最後に残る植民地国家である。

中国における統一の最大の特色とは、政治、経済の一極集中だけでなく、地方に対する超植民地搾取《さくしゅ》でもある。

## ④思想的硬化をもたらす思想独尊

多元的社会を一元化するには、政治や経済の一極集中だけでなく、思想の独尊化が欠かせない。漢の武帝以来二〇〇〇年にわたる「儒家独尊」がその例である。人民共和国の時代になってもマルクス主義独尊となり、改革開放後、実質的には「権貴資本主義」へと狂奔《きょうほん》しても、相変わらずマルクス・レーニン主義、毛沢東思想を堅持しているのだ。

日本では社会のしくみとして思想独尊が難しい。たとえば江戸時代に「朱子学独尊」という建前があったにはあったが、じっさいは仏教も国学も神道もある。さらに陽明学もあり、蘭学まであるほど、きわめて多様多彩でダイナミックである。日本は朝鮮や中国のように「朱子学独尊」をしなかった。日本と中韓は伝統的にもここまで異質である。

そもそも儒家思想は無神論的な考えだったが、新儒教の朱子学以後は一神教的色彩が強くなる。だから排他的な性格が強く、独尊が強化、本格化していく。

だが、前述のとおり、儒学は矛盾だらけの思想で、すでに同時代に墨家から痛烈に批判されていた。「鬼神を敬して遠ざける」と言う一方で、祖先祭祀をしなければならないと強く唱えるから、矛盾だらけではないかと言われた。

この矛盾した性格を中国人は数千年来ずっと抱えている。つまり建前と本音が違う社会となっているので、考えていることと言っていることとやっていることがちがっても、むしろ当たり前のことと認められている。

ずっと儒教が独尊されてきても、じっさいは儒教とは建前論で、精神的支えはむしろ道教的である。政治的にも「陽儒陰法」といわれ、法がなく徳だけでは万民を統治できないのが現実である。人治国家、徳治国家といわれても、じっさい『韓非子《かんぴし》』が主張する二柄《にへい》（君主がもつ権力）、「賞か罰か」によって政治が行われている。

思想独尊によってすべての「百家の言」、つまり異論、異説を排除するには、単一思想の絶対化、そして思想の硬化をもたらすのは避けられない。ことに隋の時代からはじまった科挙制度によっていっそう思想は硬化させられ、すべての自由な発想、さらに創造性が奪われてしまった。千余年来、科挙によって官僚候補が多く生まれたものの、明末の大儒顧炎武《こえんぶ》の指摘によれば、その害ははかりしれず、秦始皇帝の焚書坑儒以上の犠牲者を出したという。始皇帝の坑儒の犠牲者はたったの四六〇余人だが、科挙の被害は一〇〇万人どころではないと指摘する。

一九〇五年に清の教育改革によってついに科挙が廃止された。毛沢東の時代に思想、言論の自由を再開するとして「百花斉放、百家争鳴」を唱える略称鳴放運動を大々的に鼓吹したものの、やはり中国の政権安定には最大の脅威となる。だから急遽《きゅうきょ》、鳴放運動を急停止せざるをえず、たちまち反右派闘争に急転換したのだ。「罠にかけられた」と指摘されても、毛沢東はそれは「陰謀」ではなく「陽謀」だと開き直り、「罠だと知らなかったほうが悪い。自業自得だ」と嘯《うそぶ》く。
「アジア的独裁専制」（ヘーゲル）であろうと「人民専制」であろうと、思想と言論の自由が体制にとって脅威となるのが現実である。中国の「統一」という安定を脅かすからだ。インターネットの時代になった今、「勝手な言論」の取り締まりをいっそう強化している。政府の発言に同調するネットユーザーの書き込みには一人一回につき五銭（五毛）が支払われるので「五毛党《ウーマオダン》」ともいわれる。『韓非子』の「賞と罰」の二柄の政策である。

また、外の国々に対してはハッカー攻撃を行い、異見、異説、異論、「統一」に従わないものはすべて敵だと中国は考えている。

それは「統一」を求めつづける中国にとって宿痾《しゅくあ》か宿命だろうか。

**顧炎武**（1613〜1682）明末、清初の儒学者。明の滅亡に際して反清運動に参加した。経学や歴史学の研究の傍ら経世致用の実学を説き、考証学正統派の始祖とされる。

## ⑤自由競争原理に悖る「統一」は社会停滞をもたらす

天下統一は政治、経済、思想の発展を阻むだけでなく、社会の停滞劣化、さらに野蛮化をもたらすことはさけられない。なぜなら競争原理に悖《もと》るからだ。

有史以来、中国政府はたいてい反商か重農軽商が国是国策だった。改革開放後の中国人は、経商の熱風に吹かれ、「下海」(商に変わる)がブームになり、「十億人民九億商、還有一億等開張」(一〇億の人民は九億が商売に走り、なおも一億が商売に走ろうとしている)という、空前のビジネスブームを揶揄《やゆ》する俚諺《りげん》まである。

たしかに日本人が匠《たくみ》だとすれば中国人は商人的な性格をもつ。だが、大多数の中国人はむしろ農民的性格をもっている。「日が出れば耕し、日が没すれば休む。井戸を掘って飲み、田を耕して食す。帝力は我にいかせん」という考えを中国人はもっていて、隠遁《いんとん》的性格をもつ。

だが、インド人に比べ中国人はやはり世界一政治的な民族だ。あれほどの広大な領土、長い歴史、そして膨大な人口をもち、しかも地域的な利害関係が複雑に錯綜《さくそう》していても、中国の政治史上、政体も国体もあまり変化がなく、皇帝制がつづいてきた。変化といえばせいぜい易姓革命ぐらいで、政治も社会もあまり変化や発展がない。ヘーゲルにいわせれば、「代表的なアジア型の停滞社会」そのもので、マルクスは「人類の化石」と呼んだ。高度に発展したのは、いかにして人間を手玉にとるかの権謀術数ぐらいだろう。

中国史では、さまざまな政治制度の実験が試みられたことがない。やってみてもすぐ失敗に終わってしまう。たとえば戦国時代の燕《えん》の噲《かい》王は一時、説客《ぜいかく》の罠にはまり、神話時代の堯、舜時代の伝説上の「禅譲政治」をまねして、臣下宰相の子之《しし》に王位を譲って富国強兵をはかったが、すぐ失敗して太子党と宰相党の戦争となった。この太子が後に戦国の名君となった燕の昭王である。時が下り、辛亥革命後、国民国家の国造りを目指したものの、戦乱国家となった。社会主義革命後、社会主義社会建設にも成功しなかった。

「一君万民」の永遠の統一国家。それも中国人の宿命だろうか。統一原理とはあらゆる政治、経済、社会、文化上の競争原理をすべて奪ってしまう原理だから、中国社会は死水のように濁《にご》り、そこに住む人々はやがて窒息してしまう。改革、革新、創造などの原理がすべて奪われてしまうので、中国人社会は徐々に地獄へと沈んでいく。競争原理が死に絶えた川は死水のようによどみ、万物が退化、窒息していくのだ。

## ⑥個性まで統一　人権蹂躙の背後にある統一思想

なんでもかんでも「統一」するという考えは、近代的な用語でいえば全体主義的思想である。左の全体主義思想であろうと右の全体主義思想であろうと、同様、同一、いわゆる同教、同倫、満場一致を志向する。

中国はことに近代になって社会主義国家となってから、同じものを食べ、同じ服を着、同じ決まり文句を言うのが風潮となっている。鶴の一声をきけば同じ言葉で呼応するので、「一言堂」ともいわれる。

統一思想の最大の特色は、「我」をすべて否定し、「全」を人生の目的とすることだ。人民に服務するためにある。

二〇〇〇年前の後漢の時代には、学校教育では「師承」を規定し、学問で師を越えるのは道にそむくことで、法的にも許されない。学校から社会まで、個性を否定し、「標新立異」を禁止していた。つまり新しいもの、異なるものを提唱することを禁止している。今でも髪の毛やヒゲまで警察が取り締まっており、逮捕される場合さえある。

中国は数千年来、人類の智慧《ちえ》から絞り出される仁義道徳を聞き厭《あ》きるほど語り尽くしてきたが、個人の自由や基本的人権が尊重されることは一度もなかった。それは、中国人の倫理では、個人はあくまでも家族に属し、万民が国家、帝王の私有物だからである。

八九年の六・四天安門事件後、中国政府の自国民虐殺に対して国際社会は経済制裁を行った。各国の中国政府に対する要求は人権の尊重一点であった。だが、中国政府は、人権よりも生存権が何よりも大切だと反論し、しかもそれがアジア的価値であると拡大解釈して反駁《はんばく》している。生存権を守るためには、人権を無視する必要もあるという論理だ。それもまた中国人の宿命だろうか。

中国にとって天下を一つにまとめるには、必然的に個の突出を否定しなければならない。人権や人格はとるに値するものではない。中国の考えとしては個人の人格や人権は中国全体の生存権に属すものであり、全体の生存権を守るためには全体主義しかない。だから、人権は取るに足りない。全体主義的な思想からすれば人権とは私的なもので、あくまでエゴにすぎない。

現在中国政府がいう中国の「生存権」とは現政権の「生存権」にほかならない。現政権の存続を守っていくには、異声、異説は絶対許してはならないもので、だから個人の人権と中国現体制の生存権は絶対相容れない。ノーベル平和賞を受賞した劉暁波《りゅうぎょうは》のように、異なる声を発した者を逮捕収監するのは、中国にとってはごく当たり前のことだ。「統一」が最高の価値である以上、「私」よりも「すべてを一にする全」のほうがはるかに価値が高いからだ。

**劉暁波**（1955～）中華人民共和国の著作家。元北京師範大学文学部講師。人権活動や民主化運動に参加し、度々投獄される。民主的立憲政治を求める零八憲章を起草して拘束され、2020年までの懲役の判決を受けて服役中。2010年にノーベル平和賞を受賞し、中国在住の中国人として初のノーベル賞受賞者となった。

## ⑦大自然の原理に反する統一中国は貧窮落後をもたらす

二千余年来の統一中国では少なくとも二つの史実を否定できない。

その一つは中国が「地大物博」と自慢する広大な大地が統一すると、富強よりも貧窮落後をもたらしてきたことだ。後の代が先代よりも劣化していく。

もう一つは、いくら統一大帝国になっても、いったん強制力がゆるむとすぐ四分五裂になっていくことだ。それは中華帝国史が「一治一乱」、統一と分裂を繰り返してきた史実によっても証明されている。

もちろんそれは中華帝国の繰り返しの崩壊にかぎらず、たとえば人類史を見るかぎり、古代のアレキサンダー大帝国も、ローマ帝国も、大モンゴル帝国も、千年帝国のビザンチン帝国もそうだった。ことに二〇世紀初頭にはロシア帝国も、清帝国も、オスマントルコ帝国も、そろって国内革命によって瓦解《がかい》した。中世以後、欧州の覇者、オーストリア・ハンガリー帝国も欧州大戦（第一次世界大戦）後に崩壊した。

中葉ごろには、なぜ、戦争に負けた植民地帝国だけでなく、勝った植民地帝国も同時崩壊したのだろうか。そして、二〇世紀人類最大の夢だったソ連や東欧の社会主義体制はなぜ同時崩壊したのだろうか。たとえばイギリスの歴史学者、アーノルド・トインビーは統一大帝国は文明没落の象徴、歴史の終わりのはじまりであると説いている。

もし物理学の原理から言えば、宇宙の統一はかなりのエネルギーを必要とするが、宇宙の拡散はそれほど大量のエネルギーを必要としない。多元的な自然を一元化するには、巨大なエネルギーの消耗《しょうもう》を必要とするから、地方の人的、物的、財的な資源を消耗するので、反自然の拡散原理となる。統一の原理としてもっとも象徴的なのはブラック・ホールの原理である。だんだんとエネルギーを核に吸収して巨大化し、やがて膨張しすぎて崩壊していく。

しかも統一を守り、維持していけばいくほど、天下はつねに不安定な状態におかれる。そして不安定さが昂進することによって平衡《へいこう》を失い、適正数や適正規模の法則に反して炸裂《さくれつ》していく。ことに膨張の過程で、大量の異質の分子を吸収して、矛盾が拡大、昂進し、やがて瓦解を避けられなくなる。

そもそも人間は自然発生的であるので、自然のしくみに反して生きていくには悪戦苦闘せざるをえない。もちろん自然だけでなく、文化文明も地方発展の不均衡によって落差が生まれる。多元的な社会をむりやり一元化、統一するから大量のエネルギーを使い果たし、悲劇を繰り返してきたのである。

## ⑧統一国家は適正規模に反し、大乱をもたらす

中国初の統一国家は秦始皇帝がつくったというのが世の定説になっているが、真の統一は漢の武帝からという説もある。東洋史学の重鎮、宮崎市定《いちさだ》はそう説いている。

いずれにせよ、中国がモンゴル人や満州人によって統一された以外には、易姓革命期を見る

と、群雄が「真命天子」によって統一されるか、あるいは楚漢の争いのように両雄が対決して勝ったほうが統一するのが一般的だ。

いずれにせよ、秦の大国統一の過程で出た犠牲者は夥《おびただ》しい数に上る。たとえば長平《ちょうへい》の戦いでは秦軍の将軍、白起《はくき》が趙《ちょう》軍四〇万人を生きたまま穴埋めにした。秦が天下統一するまでの一〇〇年間に取った首は一二〇万個、取られた首もほぼ同数と推定される。反秦の楚が漢と対決する前、楚軍の項羽《こうう》は新安《しんあん》の戦いで秦兵二四万人を生き埋めにし、楚漢彭城《ほうじょう》の戦闘では、屍《しかばね》が川を塞《ふさ》ぎ、流れなくなった。

漢の高祖《こうそ》は楚の項羽に勝った後、諸侯の粛清がつづく呉楚七国の乱を経てから、武帝によって天下が再統一された。漢の武帝は「真の天下統一」をするまで、人口は半分も減った。それで中国史上もっとも人気のある民族英雄として中国人に好まれている。

天下統一を守っていくため、中国で戦争のない年はほとんどなかった。乾隆帝は十大武功で史上最大の版図《はんと》を獲得したものの、それからが大変だった。乾隆帝の死後すぐに天下大乱が勃発し、一八世紀末から二〇世紀の文革まで一八〇年近くにもわたって、中国は争乱のルツボとなったのだ。

だから梁啓超は中国人を「戮民《りくみん》」と称した。「戮民」とは殺戮、虐殺される民である。ではなぜ中国人が「戮民」となったのだろうか。これについては、日本と比べるとわかりやすい。

日本は江戸時代、三〇〇に近い諸侯があり、それぞれ独自の軍隊をもち、各自の経済政策や司法権をもっていたが、殺し合いがなく、三〇〇年近く平和を保っていた。なぜだろうか。理由はさまざまある。国家も時代に応じ、その自然と社会の条件に応じて適正規模が必要となる。多元的な社会は価値も多元化する。それを、むりやり一つにすると逆に矛盾が拡大し、争乱が避けられなくなる。

「天下久しく分すれば必ず合し、久しく合すれば必ず分する」という「分合」「一治一乱」は中国の歴史の鉄則であり、この適正規模の原理から逸脱したことこそ争乱の一因となる。

**白起**（?～BC257）戦国時代末期の秦の武将。昭襄王に仕え、各地を転戦して趙・魏・楚などの軍に数々の勝利を収め、秦の領土拡大に貢献した。趙軍を兵糧攻めに追い込み大勝したが、40万余りにおよぶ捕虜の兵糧が賄えず、反乱の恐れがあるとして少年兵240人を除くすべてを生き埋めにした。

## ⑨自己完結的な統一中国はなぜ文明的に没落するのか

古代四大文明の一つといわれる中華文明は、きわめて自己完結的にして早熟な文明である。ユーラシア大陸の東側に生まれたこの文明は、陸からも海からも、シルクロードが中央アジアから西アジア、さらに欧州までつながっていても、地政学的、地形学的な理由により、自閉に近い自己完結的な文明である。北方に万里長城を築き、東方では海に臨みながら、陸禁と海禁を古代から敷いてきた。

歴史が長いが、変化はあまりない。繰り返し北方の遊牧民に征服されても、逆に中華文化が夷狄を征服したと自画自賛している。古代からあまり変化しないので、「停滞した世界」「化石」とまでいわれているが、中国人は「超安定社会」と自画自賛している。

あまり変化がないということは、たとえば皇帝制度は二〇〇〇年以上にわたって疑われることはなかった。いくら易姓革命があっても、その後にまた新しい皇帝が復活する。

だが、一九世紀中葉に入ってから、変化は徐々に起きはじめている。たとえば、それまで「最高の美」や「国粋」とまでされていた纏足は、廃止せざるをえなかった。もちろん宦官や科挙制度も廃止せざるをえなかった。それどころか、一九一一年の辛亥革命後に、皇帝制度まで廃止せざるをえなかった。

中華文明のコアとされている儒教でさえ一九世紀の中葉ごろから動揺しはじめた。太平天国軍が儒教を禁止しただけでなく、北方のカルト集団捻軍が十数万人山東に攻め込んで、孔子一族の宗廟をぶちこわし、墓陵をあばき、孔子の子孫を根絶やしにした。二〇世紀に入ってから一九一九年の五・四運動は「打倒孔家店」（打倒孔子一派）を掲げ、さらに文革中に「批林批孔」（林彪孔子批判）運動で、とどめを刺そうとした。

近代中国は外からぶちこわされたのではなく、とつじょ日光に晒《さら》されたミイラのように、みずから捨てようとした。私はそれを『文明の自殺』（集英社）と称している。

秦漢文明と隋唐文明は質的には決して同一ではない。隋唐帝国の成立はトインビーにいわせると、中華帝国の亡霊の復活である。中華帝国の亡霊が復活したものの、唐は安史の乱、黄巣の乱を経て、隋唐文明の拡散力はじっさいすでに消え、魅力がなくなったからである。たとえば日本が漢字から独自の仮名文字を創出したように、日本だけでなく隋唐帝国周辺の諸民族は競って独自の文字を創出し、独自の文化を発揚させている。宮崎市定はその時代の潮流を「中世民族主義の勃興《ぼっこう》」と称している。近代になって、中華民国、人民共和国の建国はほかならぬ中華文明放棄の象徴である。自己完結的な中華文明がたどってきた自滅の宿命である。

**安史の乱**（755〜763）唐の節度使・安禄山とその部下の史思明およびその子供たちによって引き起こされた大規模な反乱。楊貴妃のいとことの確執から兵をあげ、一度は長安を制圧した。

**黄巣の乱**（875〜884）塩の闇業者だった黄巣を中心に起こった反乱。一時は長安を占領し、黄巣は皇帝を名乗り、斉と国号を改めるも、統治に失敗し自害した。

# 七章

# なぜ中国の民主化が絶対不可能なのか

## ①中国民主化が絶対不可能のそれだけの理由

中国は一九世紀末の一八九八年に立憲君主制をめざす戊戌維新が挫折してからすでに一世紀以上経っている。この間一九〇五年以後の立憲政治運動、一九一一年の辛亥革命、一九一九年の五・四運動から一九八九年の六・四天安門事件など一〇〇年以上にもわたって、民主政治の実現をめざして維新革命運動をつづけてきたものの、時間軸をのばして長期的なスパンから見るかぎり、近代中国は民主政治をめざして運動すればするほど志士や闘士を犠牲にすればするほど、民主化への政治に近づくどころか、むしろ逆行してますます独裁制への道へとたどっていく。

たとえば民主政治のシンボルの一つである「民意を問う」システムだけを見ても、辛亥革命の直後に国会議員の選出があった。二次大戦後に国共内戦は再燃したものの、なおも国民党の単独選挙があった。

だが、人民共和国の時代以後から「人民専制」はますます強化され、改革開放後から六・四天安門事件を経て、国家指導者は、党、政、軍の全権を牛耳らないかぎり、政権だけでなく、社会まで安定を保てなくなる。「平等」どころか「自由」制限がますます強化されていくのが現実である。

では中国には民主政治は、はたして可能だろうか、あるいは必要なのだろうか。その問いに答えるのは決して容易ではない。少なくとも多元的視角から、しかも複眼的にその真因を探らなければならない。

風土がちがえば、歴史の歩みもちがい、もちろん文化・文明も異なる。民主政治は決して近現代になってから生まれたものではない。古代ギリシャのポリスも中世の都市国家もあった。ローマ共和制からローマ帝国まで発展したローマ帝国の帝政史もあった。

たしかに近代国民国家の誕生と拡散とともに民主政治は世界的規模として広がり、「民主主義」思想も普遍的価値として認知されていく。だが、中国的風土に、はたして根を下ろせるかどうか、必要なのだろうか。

少なくとも、ここ百余年来、多くの中国の文化人から民衆までが、民主政治を求めてきたことも事実である。だが、中国近現代史の歩みはむしろ「独裁専制」への強化と発展である。

私が中国の民主化が絶対不可能と断言するのは、主に以下の理由がある。その理由は多々ある。

近代西欧発の民主化の波は、西風東漸、西力東来とともに中華世界にもおしよせた。中国の少なからぬ知識人も民衆もそのイデオロギーを受け入れている。だが、文化・文明の風土からだけでなく、国のかたちからも根を下ろすことが不可能である。その理由については以下で詳述したい。

## ②近代民主政治の政体と民主化の波

そもそも民主政治については、古代ギリシャ国家もローマ共和制時代も、中世の都市国家も存在したことについてはよく知られ、歴史教科書にもある。

だが、古代ギリシャにあっても、プラトンもアリストテレスも、そのような民主主義については、否定的であった。ずっとフランス大革命の時代までつづいている。

そもそも民主主義政治は小国政治の原理、ことにポリスは直接選挙ができても、大国では代議制や連邦制以外にはむずかしい。アメリカもインドもそうである。もちろんローマ共和制からローマ帝国にまで発展した史例もある。

古代ギリシャから「衆愚政治」としてずっと議論され、決して「正の価値」として評価されていたのではない。民主主義の名を掲げて、「独裁」や「専制」や「全体主義」という史例も多かったからである。「暴徒の支配」と同一視されるのもそこにある。

民主主義政治が理想政治として認知されるようになったのは、アメリカの独立とフランスの革命以後の国民国家の時代からである。ことに欧州大戦中に、第二八代アメリカ大統領T・W・ウィルソンが「世界は民主主義のために安全にされなければならない」と対独宣戦布告してから、民主主義という言葉が世界に普及するようになった。民主も人民も存在しない社会主義国家でさえ今でも「人民民主主義共和国」と名乗るのは周知のことだ。

近代民主主義は、近代国民国家の拡散とともに世界に広がったが、「自由」と「平等」は決して両立できるものではない。マルクス主義は、立憲主義と代議制を特徴づける西欧民主主義を「ブルジョア民主主義」にすぎないと真の大衆参加をめざす「プロレタリア民主主義」を主張したことから、二〇世紀は「自由」を強調する「自由民主主義」と地球を二分した。

それにしても民主政治の世界的規模への拡散は、二〇世紀だけでも三つの波が見られた。第一次世界大戦後は、ラテンアメリカへ、第二次世界大戦後には、アジア、アフリカへ、ハーバード大学教授サミュエル・ハンチントンがいう第三の波は二〇世紀第4四半世紀には、地中海欧州、ラテンアメリカ、太平洋アジア、中東欧、中央アジアと民主化のうねりが広がる、そして二〇一〇年以後のアラブ世界のジャスミン革命とつづく。米非政府組織フリーダム・ハウスによれば、二〇〇〇年には世界の独立国一八九の中で一二一カ国が民主国である。少なくとも六〇～八〇カ国が民主化したことになる。

たしかに民主政治は多義的なもので、地球上のすべての文化風土に根を下ろせるとはかぎらない。とはいっても、中国だけは「人民専制」を堅持し、「人権よりも生存権」を優先、そして三権分立、多党制、私有財産を絶対拒否することはいつまでも可能だろうか。

## ③中国人の進歩史観の受容

中国の文人が「進歩史観」の受容については、それはやっと近代になってからである。「人間の精神は進歩する」という近代西欧人の考えは絶無だとはいえないが、ほとんどが人間も人類も退化、退廃《たいはい》という考えが支配的だった。よく嘆くのが「世風日下、人心不古」（世の気風は日毎に下り、人の心は古《いにしえ》ならず）である。

その考えは儒教思想からの影響がもっとも大きい。儒教思想は古代の聖王を理想とし、人間、人類は退化するという思想がその根幹となっている。いわゆる「尚古主義」である。

C・ダーウィンの進化論は、日本でも中国でも、学校の教科書で教えられている。それは「生物」を対象に論じられているものである。「進化」だけでなく、進歩、発展の社会観や歴史観も、生物学的「進化論」を同時に近世から近代にわたって、今日にいたるまで、進化、進歩の概念を一般的に、また常識的に受容、定着してきているものだ。

科学としての進化、進歩観は、もちろん生物学や社会、思想、哲学の分野だけでなく、物理学の分野へも拡散された。すでに一八世紀にはカントやラプラスの星雲説としてあった。そして地球の歴史、太陽系の、恒星の、宇宙の進化として論じられるようになってきたのである。もちろん進化論や進化思想はダーウィン以前にも多くあった。古代ギリシャは、アリストテレスと同時代やそれ以前にも、ギリシャ自然哲学があり、インド哲学にも、中国の老荘思想にもあった。ダーウィンはフランスやイギリスの進化論を集大成したものである。

進化、進歩の観念は近代になってから世界的に「科学」や「常識」として拡散していくもので、思想、哲学の世界では、パスカル、デカルト、F・ベーコン、スペンサー、コンドルセなど多くの先哲から人間の無限の進歩が唱えられ、その観念と理念を受容してきたのである。具体的に進歩の発展段階として、マルクスの史的唯物論に見られる人類の社会発展段階は学者によって異なり、一〇〇以上もの説がある。

進化、進歩の観念と思想はむしろ近代ヨーロッパの歴史産物で、人類の思想史の中では、むしろ例外的なものといえる。中国の儒教思想はむしろ尚古主義をコアとして、人類は退化していくものと考え、古代の聖王や祖先を美化もする。古代ギリシャ人は永劫回帰《えいごうかいき》、インド人は因果応報《いんがおうほう》、輪廻転生《りんねてんしょう》、『旧約聖書』は神の「創世」を。

もちろん進化、進歩の史観も一九世紀の後半から、近代産業文明が直面する、さまざまな危機に対して、進歩の普遍性や必然性については、多くの異見が出ている。ニヒリズムやジョルジュ・ソレルの『進歩の幻想』(一九〇八年)、シュペングラーの『西洋の没落』(一九一八年)、ヴァレリーの『精神の危機』(一九一九)が代表的である。

だが、西風東漸、西力東来後、一部の中国の文人はなおも中華文化・文明は世界でもっともすぐれていると自負し、梁漱溟《りょうそうめい》は、中華文化は西欧文化よりも進歩発展していると論じ、辜鴻銘《ここうめい》は纏足《てんそく》まで中華の国粋と説くものの、むしろ西洋の危機よりも中華の危機が近代中国思想の主流となり、進化・進歩の理念と史観を受容せざるをえなかったのである。

## ④近現代中国の国の「かたち」

近代国民国家の拡散という波の中で、二〇世紀になってから、二〇〇〇年以上にもわたる、中華帝国も時代の流れに抗することができず、二〇世紀だけでも、帝国、民国、人民共和国(前・後期)と一章で書いたように四回にもわたって国の「かたち」(政体)を変えざるをえなかった。

清帝国の性格は、満州人、あるいは清蒙漢を主役とする征服王朝であった。ユーラシア西北方に興ったロシア帝国と同じく、モンゴル帝国の後継国家として、「タタールの頚木《くびき》」から脱し、「第三ローマ帝国」を目指していた。清帝国は「タタールの頚木」よりも「明の頚木」から脱して、大モンゴル帝国の後継国家の「北元」から、チンギス・ハーンの伝国の印璽《いんじ》を受け継ぎ、満蒙連合帝国の清王朝として東亜大陸を征服した。「第三ローマ帝国」と自称するツァリーと同じく「第三の中華帝国」である。

二〇世紀の初頭になって、近世以来、ユーラシア大陸を睥睨《へいげい》する世界帝国も天寿を迎えるようになった。多民族国家の「第三中華帝国」の崩壊は、「第三ローマ帝国」やオスマン・トルコ帝国、さらに中欧のハプスブルク帝国（オーストリア・ハンガリー帝国）の崩壊の「因縁」とまったく同じであった。

第三ローマと第三中華がたどってきた道がきわめて類似しているのは、ともに国内革命後には、多民族帝国を復活して、社会主義帝国という「国のかたち」を変え、帝国が復活したことである。

二〇世紀に入ると中華世界を中心に、国体、政体は、帝国、民国、共和国と一世紀の中で四度も政体が変わった。

ではなぜ、四度も政体が変わらざるをえなかったのだろうか。二〇世紀の世界史は近世近代以来の世界帝国の崩壊、植民地帝国の崩壊、そして社会主義帝国の崩壊と三度も大きな巨流に中華人民共和国のみ世紀末の巨流に呑みこまれることなく生き残ってきている。

多民族、多言語、多宗教、そして多文化、多文明の中国では、民国そして人民共和国の政体として、伝統帝国の性格を変えていくことが可能だろうか。これが人民共和国の時代になっても、すでに一甲子《きのえね》（六〇年）以上経っても中華帝国時代の国家性格のままで今日まで残存する社会的案件の一つでもある。それは九〇年代に入って、「改革開放」を国是にしながら、「中華振興」（中華帝国の復活）のスローガンを掲げる理由でもある。

二一世紀になっても、その多民族、多文化、多文明国家という「国のかたち」をもって、二一世紀の「帝国」は二一世紀という時代の流れの中で、いったいどういう役割をはたして、どういう影響をあたえつづけていくのだろうか。経済、軍事だけでなく、「国のかたち」としても、全人類にとって、きわめて示唆的である。善《よ》かれ悪《あ》しかれ、全地球人口の五分の一をもつ中国はなおさらであろう。

## ⑤中国の独裁専制発展史

人類の政治制度は、人間のことだから神様の世界とはちがう。ベターしかなく、ベストはありえない。進歩、発展、進化、変化するものだ。その一つがユーラシア大陸の極西から進歩発展してきた近代民主制政治の地球的規模への拡散、もう一つは東亜の中華世界で進歩してきた独裁専制政治の死守である。

もちろん中華型の独裁専制もその華夷文化圏やら「天朝朝貢冊封秩序《ちょうこうさくほう》」圏内への影響と拡散

は今でも見られる。たとえば、かつての朝貢国家だった朝鮮の祖、父、子、金王朝三代の「家産制国家」にも見られる。かつての「土司」だった緬甸《ビルマ》（ミャンマー）の軍事政権）もその一例である。

民意を問うシステムは民本主義という理想からすれば、たしかにすばらしい。だが、つねに民意に迎合せざるをえない選挙疲れの日本の代議士先生たちにとっては、むしろ中国のような「プロレタリア独裁」のほうに憧れる。上からの任命はむしろ魅力的で、選挙しないほうがまさしく省エネそのものだ。私もじっさいよく代議士先生たちから中国の「人民専制」という制度に惹かれる話をきく。「万年議員」が羨《うらや》ましいわけだ。

中国五〇〇〇年史はまさしく、「独裁専制」の理想政治へとまっしぐらに進歩発展してきたのだ。俗説によく中華型政治の進歩発展について、こう語られている。

古代は君と臣がともに蓆《むしろ》に坐《ざ》して、政事を談じていた。時代とともに君は坐《すわ》り、臣は立つ。最後には君は高座して、臣は跪《ひざまず》く、さらに廷臣が三跪九叩頭《さんききゅうこうとう》へと変わっていく。

それが君臣関係を象徴する語り草にもなっている。

上古の中国には伝説上の聖王の「禅譲」政治があった。それは政治を国中の賢能の後継者に譲ることであった。

前にも述べたが、戦国時代には、燕の噲王《かいおう》は聖王のマネをして、政治は宰相の子之に譲り、自分が逆に臣下となっている。結果的に、国中が大乱、太子党が兵をあげて政権を奪還した。それが戦国の名君昭王である。

以来、「易姓革命」という「強盗の理論」が正論となり、「禅譲政治」が六朝時代の「易姓革命」の儀式ともなったのである。六朝時代は貴族の時代だった。たとえば唐の皇帝はただ有力貴族の代表格にすぎなかった。ローマ帝国の皇帝のようにただ元老院の筆頭元老にすぎなかった。唐の尚書《しょうしょ》、門下《もんか》、中書《ちゅうしょ》三省鼎立《ていりつ》は現今の「三権分立」に類似する性格をもっている。

中国の独裁専制は宋の科挙制度の発達から発展したもので、明清時代でさらに進化、発展し、人民共和国時代の「人民専制」にいたって最高の発展形態となっているのだ。

## ⑥進化する専制独裁政治

民主制度は近代国民国家の時代になってから生まれたものではない。よく知られるのは古代ギリシャのポリスも中世地中海北方のイタリア都市国家にもあった。遊牧民族だけでなく、古代の部族国家にもあった。近現代の民主主義制度、議会民主制はいったいどこまで古代や中世の都市国家の民主制よりもすぐれ、進化、進歩、発展してきたのか、それを比較論考するのは、むずかしいということはたしかだ。近代民主政治は古代や中世の民主政治以上にすぐれ、進歩発展してきたとは一概にはいえない。むしろ民主政治は小国の国家原理として古代や中世の民主政治のほうがすぐれている、ということもいえないことではない。中世ベネチアの民主主義制度については、フランスやアメリカよりも、すぐれていることについては、今でも政治学的にはよく語られている。

人類の歴史を見るかぎり、民主政治よりも独裁政治の制度のほうが文化・文明、そして科学の進歩、発展とともに進化していたのも一つの史実である。

それを実証したのが中国史に見られる独裁専制の進歩発展である。民主政治は拡散するのは事実であるが、進化、進歩するかどうか検証する必要がある。

もちろん「独裁専制」といわれる政治学的用語では、独裁と専制とは異なる。専制政治は少数者の恣意《しい》に基づく政治であるのに対し、「独裁」とは大衆の参加と支持を背景とするのが多い。

愚民国家も奴隷国家もそういう政治形態がよく見られる。いわゆる「プロレタリア独裁」もそうであるように、スターリン独裁も毛沢東独裁もそうである。フランス革命後のジャコバン党、ドイツのナチスも国民の選挙によって選ばれた独裁であった。

アジア型の代表格である中国の独裁制は皇帝一人だけが自由、万民が奴隷という典型的な政治形態であるというのは事実であるが、古代からそうではなかった。むしろそれは、宋以後の科挙制度の本格化によって、成立したいわゆる「絶対主義王権」の確立後に完成したものであって、秦の中国統一以前の春秋戦国のような多国家時代はできなかった。

たとえば言論・表現の自由一つだけをとってみても、皇帝の時代以前の戦国時代はむしろ「百花斉放、百家争鳴」の思想の自由が花を咲かせた言論思想の論闘、競争の時代だった。

秦始皇帝は「焚書坑儒」で儒教の妖言だけを排除した。だが、漢の武帝の時代になると、「儒教独尊」だけでなく、百家を排斥断禁した。後漢ではもっと思想統制をし、「師承」を規定、訓釈、註釈、学習、伝承しか許さなかった。そして「科挙制度」が本格化した以降は、官定経書のみ文人の一生を律し、しかも文字獄《もじごく》（文書作成者を冤罪で罰すること）が盛行していく。ことに人民共和国の時代になると、科学技術を駆使して、言論規制・統制だけでなく、外国のメディアから政府機構にまで、ハッカー攻撃。「プロレタリア独裁」を死守し、奮起するのみだった。

## ⑦「中華振興」を掲げる中華帝国の復活

人類史には、古代からさまざまな帝国が現れ、国民国家の時代でもなおも健在である。

たとえば、古代にはペルシャ帝国やらローマ帝国、大モンゴル帝国などの興亡が歴史にあった。

ロシア帝国、オスマン・トルコ帝国、清帝国が瓦解したのは二〇世紀の初頭であった。そしてその後につづくのがオーストリア・ハンガリー帝国である。いわゆる「植民地帝国」が崩壊したのが二〇世紀の中葉であった。そして世紀末には「ソ連社会主義帝国」までも瓦解した。戦後の植民地史については、ほとんどとりあげていないのが、世界最大の二大植民地帝国であるロシア帝国と中華帝国である。だが、二〇世紀末のソ連崩壊後、植民地帝国と社会主義帝国の性格をもつ「中華人民共和国」はそのまま健在である。

近来のマスメディアでは「帝国」という言葉は「国家」にかぎらず、産業や企業そして社会団体組織に至るまで、愛用されている。アメリカ合衆国についての著書にも「帝国」を冠するものが多い。

では、「帝国」とはいったいどう定義するのか、辞書や各社の百科全集の註釈を概括すると、「異なる民族を統治、統御する政治体系」「みずから政治的、経済的、軍事的に拡張していくこともあり」「国境のようにはっきりした境界をもたないことが普通」「その政治、軍事、経済、文化にわたる影響力が国境を超え多くの国および、その国の価値観に基づいた国家関係を律するルールのセットをつくり出す」などなどと特徴づけているが、近代国民国家の「国のかたち」とはちがうものである。

中国史の史実を見ても、ＢＣ二二一年の秦始皇帝以前の中国は「先秦時代」と呼ばれ、ずっと多国家の時代が数千年つづいていた。上古は「万国」と称され、時代とともに都市（城邑）国家から領域国家と統廃合され、「春秋五覇」から「戦国七雄」にいたっている。秦漢の中華帝国以後にも「三国」から「五胡十六国」「南北朝」「五代十国」のような多国家の時代があった。

中華世界やら東亜世界に君臨した中華帝国の種族でも農耕民の漢族とはかぎらなかった。契丹人の遼や女真人の金や、モンゴル人の元や満州人の清などの諸王朝は北方騎馬民族だった。隋唐時代は貴族社会だったので、皇帝は最有力貴族の突厥《とっけつ》（トルコ）系であった。漢人の帝国は漢、宋、明ぐらいのものだった。

日清戦争後の一九世紀末から二〇世紀初の国民国家時代の潮流の思想的影響をうけ、維新、立憲運動が挫折後、辛亥革命が起きた。主役の立憲派と革命派の共同目標である「中華民国」が樹立されたものの、辛亥革命が掲げた「合衆国」の「国のかたち」は理想にすぎなかった。袁世凱の帝制（アンシャンレジーム）、張勲の「復辟」も不成功、孫文の共和制構想も「アメリカ型」から「フランス型」、最後にレーニンの「ソ連型」に傾倒など二転三転。「連省自治」（連邦制）も南方の孫文、北方の統一派との戦争に負け、成功したのは満州国だけだった。「五代十国」をうわまわる民国時代は多政府時代の抗争——天下大乱の時代となり、二度にわたる国共内戦の結果中華人民共和国が成立、その後は中華帝国の復活である。

## ⑧超皇帝を迎えるプロレタリア独裁の時代

上古の中国は「夏、殷、周」三代があるとされている。三代は約二〇〇〇年と推定されているが、支配者の称号は「王」である。列国を統率すると伝えられているが、国家領域はきわめて狭小でせいぜい「盟主」だと考えるのが常識だ。

周は西周と東周の時代があった。東周以後に周王の力が弱くなり、代わりに諸侯を号令するのは、「春秋五覇」と称される有力な諸侯だった。それでも「斉の桓《かん》公」や「晋の文公」と称されるのは「公」であった。「王」と称するのは、南方揚子江文明の諸国「楚」「呉」「越」のみであった。

だが、戦国時代に入ると諸国は競って「王」を称することになり、いわゆる「戦国七雄」の雄邦だけでなく、小国の「中山」も「中山王」と称するようになった。

戦国時代の末期には、斉の湣《びん》王と秦の昭襄王は一時、東帝と西帝を称することがあったものの、やがて、帝号を取りやめた。

中国で正式に「皇帝」の号を称するようになったのは、紀元前二二一年に、秦王・嬴政《えいせい》が中国を統一してからである。彼は「秦始皇帝」となり、二一〇年まで君臨した。それは伝説の「三皇五帝」から取った称号である。

「易姓革命」の理論によれば、有徳者が天に代わって万民を統率するので、前王朝の徳が衰えれば新たな有徳者が天に代わって道を行う大義名分で、「天子」となる。だから、皇帝も「天子」と称され、天地の祭祀をも行い、天下万国に君臨するのが建前であった。

共和制ローマ以後のローマ帝国（西ローマ）は、時代によって、皇帝の権力は強弱の変化があったものの、ローマ皇帝は原則としては元老院の首席代表にすぎなかった。もちろんビザンチン帝国（東ローマ）の皇帝は俗権が教権に対する優勢があったものの、バチカン教皇のように俗権と教権をともに司るのとは異なる。

日本の天皇は権威と権力を分離して権威しかもたない。中国の皇帝とはまったく異なるものであるが、バチカン教皇、ダライ・ラマ法王あるいは、オスマン・トルコ帝国の皇帝のように俗・聖両権を司るカリフ（Khalif）制ともちがう。ロシアのツァーリーとも異なる。

もちろん中国の皇帝は原則としては、

**愛新覚羅溥儀（1906〜1967）**清朝第12代にして最後の皇帝、後に満洲国皇帝。満洲国の崩壊とともに退位し、ソ連軍の捕虜となった。その後中華人民共和国に引き渡され、撫順戦犯管理所からの釈放後は北京植物園に勤務、晩年には中国人民政治協商会議全国委員に選出された。

「徳治政治」のシンボルとして徳（聖）俗両権を共有するはずだったが、じっさい愚君や「幼帝」が多く、徳は儒教の道学者に掣肘《せいちゅう》され、俗権も外戚、宦官、権臣に意のままにされるのが多い。

中国は伝統的には、「皇帝」がいなければ、国としては成り立たないので、清末のラスト・エンペラー溥儀《ふぎ》以後、民国の時代になると多政府のカオス社会に堕してしまった。

だから、人民共和国の時代に入ると「人民専制」が断行され、毛沢東以後の中国は実質的にはマルクス主義の解説権を牛耳る国家指導者は、聖、俗双方を牛耳る超皇帝の時代に入り、党＝国家指導者が党・政・軍三権を牛耳らないと国家が生存不可能な時代を迎えるのである。

## ⑨中国人はとても奴隷になりたがる

ヘーゲルは、「自由」を基準に「一人だけが自由、万民が奴隷のアジア型専制社会」「少数の貴族だけが自由のギリシャ貴族型社会」「すべての人に自由があるゲルマン型社会」と社会の「かたち」を三分するのが有名である。

「アジア的専制国家論」やら「万民が奴隷の社会論」はもちろん、ヘーゲルにかぎらず、すでに古くのアリストテレスの時代から近代のモンテスキュー、そしてマルクス、エンゲルスまで論じていることを、経済学やら法学、社会学のＡＢＣを知る人なら、よく知っていることだろう。

中国はすでに二〇世紀の二〇年代からマルクス・レーニン・スターリンの唯物史観の影響をうけ、ことに人民共和国以後から「史的唯物論」が「国定史観」となり、古代の奴隷制から封建制、資本主義制などの社会発展の図式が「金科玉条」となる。もちろん古代史をめぐる奴隷論争はあったものの、中国人社会は奴隷社会かどうか、今でも論議はつづいている。

中国の御用学者はたいてい日本の天皇を「奴隷主」と教えているが、山本七平の説によれば、「奴隷制のないのは日本とユダヤだけ」と説いている。

では、古代の奴隷社会から、今日まで、中国人ははたして奴隷から解放されたのだろうか。社会主義革命は「奴隷解放」の呼びかけからスタートしてきている。国歌にあたる「義勇軍行進曲」の歌詞にも「奴隷になりたくない人民よ，立ち上がれ（起来）」と勇壮に歌っているではないか。

だが人民共和国の時代になって、はたして奴隷から解放されたのだろうか。

中国人社会は奴隷社会だという主張は別に外から「清国奴《チャンコロ》」とののしられた差別語に象徴される「偏見」だからではない。すでに清末から鄒容《すうよう》の『革命軍』をはじめ、ほとんどの革命の志士たちからこう語られている。

ことに「近代文学の父」と称される魯迅の分析はもっともその本質をついている。魯迅は中国人は奴隷になりたがる。そして奴隷になって満足しているのだと喝破している。

魯迅は「われわれはきわめて奴隷になりやすい。しかも奴隷になっても、案外とそれを喜ぶ」。そして時代区分に「漢族発祥の時代」「漢族発達の時代」「漢族中興の時代」などと立派な題をつける学者連中を嘲《あざけ》りながら、彼自身は中国史を次のように、じつに簡単な二つの時代に区分けしている。

一、奴隷になろうとしてもなれなかった時代。

二、しばらく確実に奴隷になれた時代。

孔子は人間を「君子と小人」に二分、「民は由《よ》らしむべし、知らしむべからず」（民は従わせるべきで、情報を与えるべきではない、知らせると面倒が増える）と説くのがよく知られる。愚民政策という中国古来の伝統は、時代とともに発展し「人民共和国」となって、ノーベル平和賞を受賞した劉暁波が、「大学卒業者の九五％、修士課程修了者の九七％、博士課程修了者の九八％は廃物だ」と喝破《かっぱ》したことを傾聴《けいちょう》すべきだ。「奴隷解放」を掲げる社会主義制度は「新しい奴隷制度」になったというのが、むしろ中国の真実ではないだろうか。

**鄒容**（1885～1905）清末の革命家。日本留学後、帰国し上海に到着した後は革命活動家である章炳麟、章士釗等と交友を結び、積極的に拒露運動や愛国学社の革命活動に参加。逮捕され20歳で獄中死。著作『革命軍』は辛亥革命に大きな影響を与えた。

## ⑩中国の国家原理と歴史法則

中国の伝統的統治原理と国家原理は「王権神授説」と類似する「徳治主義」である。それは聖人、賢人による統治だから、「人治」や「人治社会」ともいわれる。今日でも、国家指導者は偉大なる「領袖」やら「国家指導者」と強調し、「偉大」な修飾語だけではなく、さらに「最」一語だけでなく「最最最偉大」と冠詞はいくつも並べ立て、「偉大な舵手」やら「民族の救い星」「紅い太陽」と中国風「白髪三千丈」式に神格化していることは別に「文革」の時代に限っただけでなく、有史以来、統治者を神格化するのは、「徳治主義」の伝統的風土からくるものである。

「徳治主義」政治は人の徳によって統治する政治で、儒教の徳治論によれば、有徳者が天命を受け、天子となり、天下に君臨し、万民を統率するのが、政治の理想である。もちろん徳にも「盛衰」があるので、徳が衰えれば、新しい「有徳者」が天命をうけ、無道無徳の天子に取って替わって新しい天朝をつくる。それがいわゆる「易姓革命」の論理であり、じっさいそれが国盗りや天下取りを正当化する「強盗の理論」である。

徳治主義とは、有徳者による道徳的教化、感化を行う政治で、徳化＝王化＝華化ともいわれる。夷狄でも中華の徳によって中華となることができる。それを正当化するのが、いわゆる「道統」である。その代表的なのは雍正《ようせい》皇帝が著した『大義覚迷録《たいぎかくめいろく》』である。夷狄も中華に君臨することができる論理である。

有徳者になるには、儒教の理論によれば、正心、修身、斉家、治国、平天下の必修コースで、いわゆる「修斉治平」の理論である。じっさい中国史の史実を検証するかぎり、古代の聖王などの検証不可能な人物をのぞいて、中国歴代王朝の明君、名君、たとえば漢の武帝、唐の太宗、明の成祖などなどは、ほとんどが父子殺し、兄弟殺し、一族殺し合いによって、天子の座にのぼりつめたので、つまり極悪非道のものでなければ、易姓革命どころか、明君、名君、になることも不可能というよりも歴史の掟である。「徳治」はじっさい、いかなる社会も不可能だから、一家一族の中でさえ不可能だから、「法」がなければ、国は治まらない。だから中国の歴代王朝は「徳」を建前に「刑罰」を断行するので、「陽儒陰法」ともいわれる。

中国の「天下原理」も「国家原理」も「徳」は存在しえなかった。通称「馬上天下を取る」、毛沢東語録では、「銃口から政権は生まれる」という物理的な暴力が「国家原理」である。だからいかなる王朝であろうと政権であろうと「徳」ではなく、「物理力」でしか守れなかった。

近代国民国家の原理は「法治社会」が土台である。「徳治」の伝統的風土では「法治」は根を下ろせない。それが中国という古代化石国家としての民主政治への限界でもある。

# 八章

# 自然と社会から読む これからの中国

## ①これからの中国史の行方をどう読む

結論として、これからの中国の行方はどうなるのか。人民共和国は毛沢東時代が前史とすれば、改革開放後の人民共和国はいったいどうなるかについては、さまざまな見方や予測がある。いわゆる「未来学」の課題でもある。これについて、私は以前、『文明の自殺』（集英社）という著書の中で、文明史から中国の未来についてグローバル的（巨視的）に論じた。自称五〇〇〇年の悠久の歴史文化をもつ中国は、長い歴史の中で変わるものもあれば、変わらない「万古不易」のものもある。

一見あまり変わらない中国でも激動につぐ激動の時代もあった。ことに一九世紀中葉のアヘン戦争以後からそうした変動の社会に突入している。中国を「アジア的停滞」といったのは、主に文化と社会が不変状態であることを指摘したのであり、その指摘はほぼ正確に近い。

もし巨視的に、一〇〇年や一〇〇〇年単位で中国を見た場合、ことに近現代になってから「政治激動、経済微動、社会文化不動」が、中国らしい正常な状態であると見るのが正しい。ことに清末の戊戌維新後は、約一〇〇年にもわたって、政治的には激動につぐ激動の時代となる。この時代は経済が微動した。大躍進や文革時代のように経済が大崩壊した場合もあった。

九〇年代に入ってから、年一〇％前後の経済成長という「奇跡」がみられ、それは決して「常態」ではない。本来ならば、不動に近い社会や文化も「一年一個様、三年不一様」（一年ごとに様変わり、三年経てば同じものはない）という経済の激震につれて、社会生活や文化生活まで様変わりしていき、文化伝統が失われていく。具体的にいえば、「伝統的な万徳の本」とされた親孝行は、一人っ子政策により「四、二、一症候群」（祖父母四人と親二人が子一人に仕える症候群）が生まれ、逆に祖父母と父母が一人っ子に「子孝行」するという倒錯の文化に変わっていく。

それでも変わらないものがある。たとえば、国民性としての「嘘つき」、つまり「詐」（騙しの本性は不変に近い。だから「すべてが嘘、嘘ではないのは詐欺師だけ」という俚諺を朱鎔基首相まで口にするのだ。

近現代史の中国の常態であるはずの「政治激動、経済微動、社会文化不動」という状態から逸脱したとしても、それは長つづきはしないと読むべきだ。たとえば中国共産党内部では五年に一度の党大会のたびに、国家指導者として誰かが承認され、その対抗馬が失脚する。それは「中国の振り子」といわれる。だが、その「中国の振り子」が止まるという異常が発生したら、決して正常ではないと読むべきだ。

長い中国史を見るかぎり、陸禁と海禁がうまく成功し、中国の殻《から》に閉じこもって伝統を守り、長く不動の状態がつづいたこともあるが、その状態が長くなると社会矛盾が昂進し、カルト集団が生まれて天下大乱となる。もちろん内部からではなく、外部から社会を変えていく。

中華帝国の時代に入ってから、北方夷狄は繰り返し中華世界に入り、中華を征服した。近現代に入ると、西夷だけでなく、東夷の日本までが中華世界を大変動させる一大誘因となる。

中国はテレビに出てくる怪獣のように、倒れても倒れてもまた復活し、火をふく。だが、そのような時代ははたして再来するのだろうか。

かつて一九世紀末、戊戌維新を前に康有為《こうゆうい》は「維新」をやれば「一〇年で覇権が立つ」と光緒皇帝に維新実行を進言した。毛沢東は「イギリスを追い抜き、アメリカに追いつく」「東風が西風を圧倒する」と豪語した。そして現代、胡錦濤や習近平は「海の強国」「中華民族の復興」を提唱してきた。しかし、それらはただ中国が勝手に抱く夢であって、現実でも史実でもない。

夢や幻想なら誰にでもある。一九世紀末には二〇世紀は中国人の世紀、二〇世紀に入ると二一世紀は中国人の時代と唱えてきた。最近では、二一世紀もなかなか無理そうなので、二二世紀は中国人の世紀と修正している。夢にうつつをぬかして酔う人もあるが、夢はあくまでも夢であろう。

これからの中国はいったい何処までいくのか。変わることも、変わらないこともあろう。だが、万古不易《ばんこふえき》（永久に変わらないこと）の自然と社会のしくみから中国の未来を見れば、私の予想はあながちはずれることはないだろう。

## ②分合の遠心力と求心力

大河小説『三国志演義』冒頭に「天下久しく分すれば必ず合し、久しく合すれば必ず分す」（天下久分必合、久合必分）というセリフがある。

そういう歴史観はたいてい中国人の記憶に深く刻み込まれ、今日にいたっている。中華史観の一つでもある。

三国時代はすでに二〇〇〇年近く昔の時代である。『三国志演義』が講談として世間に流行りはじめたのは約一〇〇〇年も前の宋・元の時代からともいわれる。あの時代の歴史観が今でもよく語られているということは、すなわち今でも機能しているのではとも考えられる。

天下一国主義とは中国人の夢の一つである。だが、それはあくまでも夢であって、一つになるのは久しからず、「必ず分離する」という必然性がひそんでいる。分離し、そしてまた一つになる。

それははたして天下の原理、自然の摂理だろうか。長い中国史の史実を見るかぎり、たしかにそういう歴史の繰り返しということは否定できない。たとえば、秦始皇帝の中国統一は、春秋戦国以前の万国から春秋時代の五覇を中心とする国家の興亡、そして戦国七雄の歴史があり、秦以後の楚漢の争い、漢以後の三国、五胡十六国、南北朝から隋唐統一以後の五代十国、宋と遼、金、夏との対峙、そして元、明、清が「合すれば」末期には必ず天下大乱、群雄割拠となる。

それはなぜだろうか。「天下大一統」が中国人の夢であっても「分」という遠心力と「合」という求心力は、例外はあってもつねに存在しているといえなくもない。

中華世界、さらに拡大して東亜世界は地政学からも生態学からも決して一つではなく、文化文明も言語、習俗も、そして地理的条件も、多様にして多元的な文化だから、一つの地域として統合することは決して容易ではない。それは物理的統合だけでなく、文化力による統合でも容易でないことは、キリスト教文明圏の西洋やイスラム文明圏の中洋を見ても示唆的である。宗教という要素を共有していても国家が林立し、民族感情も国家利益もそれぞれ異なる。

統一という幻想が現実となったとき、必ずしも民衆に幸せをもたらすとは限らない。それは苛斂誅求《かれんちゅうきゅう》という暴政をともなうもので、統一への失望感もごく自然に生まれてくる。

だから、合という求心力と、分という遠心力の存在は、自然の摂理、社会のしくみとして天下の分合を左右していくのである。

## ③中央の政治的求心力と地方の経済的遠心力の葛藤

中華帝国のもっとも根本的な内部対立の原理とは、中央の政治的求心力と地方の経済的遠心力の対立と葛藤である。その原理は帝国崩壊後の民国と人民共和国の時代にも力学原理として消えていない。

中華帝国以前の中国はいわゆる先秦の時代である。この時代には春秋と戦国時代があり、春秋時代は「春秋五覇」があっても、国際力学はいつも南北が対立し、五覇の一つである覇者によって均衡が維持されていた。今のパックス・アメリカーナのようにパックス・セイ（斉）やパックス・シン（晋）によって国際秩序が守られていた。戦国時代は七雄という多極の時代であって、西の秦と東の斉という二強が対立することによって多極の均衡が守られている時代であった。

だが、中華帝国になってから二千余年来、中華世界の対立軸はすっかり変わり、主に王朝の中央の政治的求心力を中心円として、地方の経済的遠心力の対立と葛藤に変わっていく。

この原理は、中華人民共和国になってからさらに強化、硬化していく。たとえば秦始皇帝の時代は六国を滅ぼした後、すべての富を中央の都・咸陽に集めた。地方の富がすべて中央に収奪されたために貧困化を引き起こし、ひいては天下大乱となる。人民共和国の時代になっても、中国の地方の富はすべて北京に収奪されていた。いくら社会主義社会の建設運動を起こしても、それは口先だけにすぎず、その実態は古代とほとんど変わりなく旧態依然のままで、貧窮落後のままであった。

文革後になって、自力更生のままでは中国は地球上で生きていかれないので、「改革開放」に社会のしくみを変えていかなければならないという国是国策に転換したのである。

改革開放運動のもっとも基本的な政策はいわゆる「放権譲利」である。改革開放路線の核は「分権化」と「市場化」である。つまり建国以来、すべての権と利が中央に集中するシステムを変えて、その権と利の一部を地方に譲るということになる。これだけで地方の経済は活気づき、鄧小平は南巡講話を行い、広東を中心とする経済発展をモデルに大々的に「突進せよ」と呼びかけたのだった。それが六・四天安門事件後に中国経済が急成長するきっかけにもなった。

だが、地方の抬頭によって「山頭主義」（地方諸侯）が跋扈《ばっこ》するようになり、さらなる「放権譲利」を要求する。「放権譲利」が多すぎると、中央政府の力が弱体化していくので、地方の暴走を食い止めなければならない。だが、「中央に政策があれば地方にも対策がある」で、中央vs.地方のシーソーゲームはさらに熾烈《しれつ》化し、昂進していく社会のしくみとなっている。

## ④二〇発の核弾頭で日本を沈没させると豪語

中国人というのは、他者を恫喝《どうかつ》しながら生き抜こうとする民族性をもっている。だから、核兵器による恫喝も大好きだ。核恫喝は相手に絶大な効き目があるから、政府も陰に陽に行うし、国民世論も「核戦争支持」で沸騰する。

ひところ、中国の核は「善い核」で、アメリカをはじめとする他国の核は「悪い核」だという言説があった。中国は「核の不先制使用」を掲げ、「核を以って核を制する」の論理で、「米露の核の使用を抑止し、人類を核の恐怖から救うため」、核全廃ではなく、核開発を進めなければならないと主張する。日本の政党や進歩的文化人の中にも、「中国の核はきれいな核」だと讃える者がいた。

だが実際には、核兵器に「善い核」「悪い核」の区別などあるはずがなく、中国の核が「善く」も「きれい」でもないことは、中国が核恫喝を繰り返していることからも明白だ。「不先制使用」の原則や「平和的な核」の主張がおためごかしであることは、一九九六年に中国の沙祖康《しゃそこう》軍縮大使が「中国の核兵器の先制不使用政策では、台湾への適用は除外する」と明言したことからも明らかである。

つまり、中国の核は外国の核への抑止力であると同時に、「国内」の「分離独立」、「民衆暴乱」などの反乱鎮圧用でもあるというのだ。中国にとって台湾は言うまでもなく「国内」であり、台湾に対しては「先制不使用」の原則など適用する必要はない。いつでも核をお見舞いするぞ、と恫喝しているのである。対外的な先制不使用原則も、今やまったく信用できない。

朱成虎《しゅせいこ》少将といえば、中国の人民解放軍国防大学防務学院長、国防大学党務常務委員、総参謀部戦略戦争研究室軍級研究員を歴任し、対米先制核攻撃論で知られる超タカ派である。その朱成虎少将が、二〇〇五年七月一四日に香港で行った米英大手メディア記者との会見で、「アメリカが台湾との紛争に軍事介入するならば、中国はアメリカに対し核攻撃を行う用意がある」と語ったのである。核の「先制不使用」の原則を完全に否定する発言である。

朱少将がなぜ外国の記者の前であえて、アメリカに対する挑発的メッセージを発したのかについては、アメリカのクレアモント研究所アジア研究センターのタング主任研究員が言うように、「中国政府がアメリカに、直接にはやりにくい恫喝を代わりにやらせただけだ。中国政府の新たな脅迫戦略に基づいたもの」という見方が正しいだろう。中国内部の反応を見ても、それは間違いない。

たとえば、中共中央書記処は、「言辞はもう少し柔らかくすべきだったが、わが国への侵略的軍事挑発に対する不動の決意と立場を表明しただけだった。個人的意見を述べたまでで、国際慣例上、きわめて正常なもの」と、その主張に間違いはないとの判断を下している。

中共中央書記処は、胡錦濤、温家宝、呉邦国《ごほうこく》ら国家最高指導者にも審議を求め、これに対し、胡、温、呉は、「朱の個人的意見」であるとして同意を示した。

中央軍事委員会の郭伯雄《かくはくゆう》、曹剛川《そうごうせん》、徐才厚《じょさいこう》の三人の副主席とほかの委員も朱発言を検討し、「基本的には間違っていない」

「わが国に対する軍事的脅威、軍事的挑発に対する個人的立場の表明にすぎない。アメリカが覇権主義勢力であることは国際社会でも周知のことだ」

「核先制不使用の原則はきわめて柔軟な考えで、もしアメリカが台湾海峡の紛争に介入したら国家、領土の安全を守るために核先制使用をできるとした朱将軍の発言は、党中央の方針に沿ったものにすぎない」

との報告を行った。

中国国内のこうした動きを見ても、朱発言が、中国政府が個人的発言を使って、米、日、台に行った核恫喝であることは明らかである。具体的には、アメリカの「独覇」、ことに「2プラス2」に代表される台湾に関しての日米の新思考を牽制《けんせい》し、それに対抗するための胡錦濤の意思表示であることがわかる。

朱将軍の「先制核攻撃論」は、このときにはじまったものではない。以前から、中国人民解放軍の機関紙『解放軍報』の論評や、国防大学の内部会議などで繰り返し展開されていた。その要旨を少しだけ紹介しよう。

**沙祖康**（1947〜）中華人民共和国外交官、中国の国連ジュネーブ支部駐在代表を経て2007年から国連の経済、社会事務を担当する事務次長。南京大学卒業。

**朱成虎**（1952〜）中華人民共和国解放軍の軍人、国防大学教授、中国解放軍少将。建軍の父と呼ばれる朱徳元帥の外孫に当たる。2005年の発言で、中国人民解放軍は同年12月、「行政記過」（過失を記録に残すの意）処分を下し、1年間の昇進停止とした。

**呉邦国**（1941〜）中華人民共和国の政治家。第8代全国人民代表大会常務委員会委員長、第16期・第17期中国共産党中央政治局常務委員。

**郭伯雄**（1942〜）中華人民共和国の軍人。蘭州軍区司令員、第一副総参謀長、中国共産党中央政治局委員、党中央軍事委員会第一副主席を歴任。最終階級は上将。

**曹剛川**（1935〜）中華人民共和国の軍人。中国軍首脳の1人。上将。副総参謀長、国防科学技術工業委員会主任、装備部部長の要職を経て、2008年3月まで国防部部長。2008年3月まで中国共産党中央政治局員、中央軍事委員会副主席。

**徐才厚**（1943〜）中華人民共和国の軍人。総政治部主任、中国共産党中央政治局委員、党中央軍事委員会副主席、国家中央軍事委員会副主席を歴任。最終階級は上将。2012年11月、党大会において全役職から退いた。

## ⑤朱将軍の恐るべき「先制核攻撃論」の要旨

朱成虎少将は次のように恫喝する。

「国連の統計によれば、今世紀中葉ごろには世界人口は一五〇億人に達し、今世紀中には人口過剰の問題が爆発する。すでに中国、インド、東南アジア等が人口過剰問題を抱えている。ことにインドは、人口、経済、パキスタンとの領土紛争をめぐり、核戦争を行う可能性はきわめて高い。そのドミノ現象で世界核戦争が起こる」

「だからこの未来の核大戦に対し、我々は受動的ではなく、主導的に出撃すべきだ」

「人口問題を解決するには、核がもっとも有効にして手っ取り早い方法だ」

「人口と資源の不均衡がもたらす危機は、これから五〇年以内に必ず起こる。それは早ければ早いほうがいい。なぜなら、遅くなればなるほど問題がいっそう複雑化し、解決ができなくなるからだ。しかも大量の人口は大量の資源を消費する。その資源のほとんどは再生不可能だ。さらに重要なのは、我々中国人はこの競争の中で機先を制しなければならないということだ。なるべく他国の人口を減らし、自国の人口を多く生き残らせるべきだ。そうなれば生き残った人口が未来の人類の新しい進化の過程の中で、有利な条件を得ることができる」

「もし我々が受動的ではなく主導的に出撃し、計画的に全面核戦争に出れば、情勢はきわめて有利である。なぜなら他の国と比べ、我々の人口の絶対多数は農村にあり、しかも我が国の国土、地形は非常に複雑で隠匿しやすい。だから政府が核大戦を用意周到に計画さえすれば、人口を広大な農村に移して絶大な優勢を保つことができる。しかも我々が先制攻撃をすれば、他国の人口を大きく減らし、我々が再建する場合には、人口的な優勢を保つことができる」

「我が国の目下の任務は経済発展であって軍拡ではないと主張する人もいるが、経済発展はすでにピークに達し、人口を有効に制限できない状況下では、貧窮人口を増やし一握りの富裕階層の生活を維持していくだけだ」

「だから政府はすべての幻想を捨て、あらゆる力を集中して核兵器を増やし、一〇年以内に地球人口の半分以上を消滅できるようにしなければならない。人口制限の愚策は早く捨て、人口をもっと増やし、そして計画的に周辺諸国に浸透させるべきだ。たとえば密入国や、シベリア、モンゴル、中央アジアなど人口の少ない地域への大量移民を行わせる。もし大量移住が阻止されたら、軍隊を派遣して先導させるべきだ。全面核戦争が起こったら、周辺諸国に疎開した人口の半分と、農村へ疎開した人口の半分があるから、他国に比べて多くが生き残ることができる」

「我々にとってもっとも敵対する隣国は、人口大国のインドと日本である。もし我々が彼らの人口を大量に消滅できない場合は、核大戦後は中国の人口が大量に減少し、日本とインドが我が国に大量移民をすることができるようになる」

「アメリカは強大な国力を保っているので、徹底的に消滅させないと、将来大患になる。アメリカに対しては、我が国が保有する核の一〇分の一で十分だ。台湾、日本、インド、東南アジアは人口密集の地域であり、人口消滅のための核攻撃の主要目標となる。モンゴル、ロシア、中央アジアは人口が少ないので、核攻撃よりも通常地上部隊の占領だけで十分だ」

「中国人がもし大量に移民し、ロシア人と共棲《きょうせい》すれば、ロシアは我が国に核攻撃はできなくなる。そのためには五億人くらいがシベリアに移民するだけで十分だ」

「核の第一撃があれば、利害関係を持つ国家間で核攻撃が起こる。もし事前に計画と準備があれば、我々にとってはきわめて有利だ」

「以上のことは数年後、必ず起こる。なぜならば人口問題は、いかなる人間にも根本的な解決は不可能だからだ。歴史は必ず私の所説の正しさを証明してくれる」

「核大戦の中で、我々は百余年来の重荷を下ろし、世界のすべてが得られる。中華民族は必ず核大戦の中で、本当の復興を得られる」

## ⑥日本に対する中国の核攻撃の恫喝

北朝鮮のように相手国を「火の海にするぞ」といった恫喝は、中国では国家主席の江沢民や胡錦濤の口から直接出たことはないが、軍の将軍の発言、軍事雑誌の論文、反日デモのプラカードでは、「靖国への空爆」や「日本に原子爆弾攻撃せよ」などの言葉がしばしば見られる。

もちろんネット世論では日常茶飯事である。

日本は島国、しかも工業地帯も集中している。だから「二一〇発の核弾頭で日本を沈没させる」やら「水爆二個だけで地球上から消せる」などの日本核攻撃論もある。

実際、瀋陽《しんよう》軍区に配備されている、日本を向く核弾頭は最近さらに分散強化されている。『漢和防務評論』誌（カナダ）によれば、解放軍の核兵器配備については、黒竜江《こくりゅうこう》、内蒙古《うちもうこ》二省・区をのぞいて、全国二九の省・区・直轄市に配備されている。中国人民解放軍第二砲兵部隊（戦略ミサイル部隊）は三つの巡航ミサイル旅団を擁している。江西省宜春《ぎしゅん》市北部新設の第二一九巡航導弾（巡航ミサイル）旅団は一六輛の発射車輛と四八のＣＴ10巡航ミサイルを所有しており、日本と沖縄が戦略目標となっている。

核ミサイル搭載の「轟―６Ｋ」戦略爆撃機を保有する三個師団は、南京、西安、安慶《あんけい》などに配備され、日本、ロシア、インドに核戦争の覚悟を示している。南シナ海、東シナ海をめぐる中国と周辺諸国との緊張の中で、軍の強硬派が抬頭しつつあるのは確実である。

一九九九年一一月、中国国際戦略学者の王瑋《おうい》は、週刊誌『環境薈萃』で、中国の中性子爆弾はアメリカの空母に対抗しうる兵器だと恫喝した。さらに二〇〇二年二月、中国の『解放軍報』では、中国の大陸間長距離弾道ミサイルは、米本土の都市を攻撃する能力をもつと恫喝した。

これに対しアメリカ太平洋軍区総司令プリュアー大将は、「その愚行に出る前に、中国はアメリカが六〇〇〇発の核を持つことを考慮すべきだ」と警告したという。

二〇〇三年三月、『軍事博覧報』は、民族の利益を守るためには「アメリカと核戦争をする用意がある」とふたたび恫喝を繰り返した。このように中国の軍人が恫喝を繰り返すのは、核戦争は避けられないとする教育を受け、じっさいにそうなると信じ込んでいるからだ。連年の国防予算の二桁《けた》増も、そのような信念を反映したものである。

こうした中国の国家指導者、軍部から民衆にいたるまでの自信過剰がもたらす情勢への誤認識、誤分析が、いかに危険なものであるかがわかるだろう。

日本に対する核恫喝のきわめつきは、日本列島撃沈核攻撃である。いわく「中国調査船はすでに日本沿海の海底活断層を調査終了。もし日本に不穏の動きがあれば、中国はたちまち海底活断層に核をしかけ、日本列島を沈没させる。悪いのは日本だ。自業自得というほかない」と。

## ⑦中国政府は自国民の大量戦死さえも恐れない

じつに戦慄《せんりつ》すべき論法である。中国には射程距離でロサンゼルスまで届くものといえば二〇基の大陸間弾道ミサイルしかないのに、「アメリカに対しては、我が国が保有する核の一〇分の一で十分」などと大言壮語するのは、いかにも中国人らしい危険な思い込みである。

朱少将の言うようなことを、日本人は狂気と見るだろうが、中国人はそうは考えない。中国の一般民衆の絶対的多数は、人類史の九五％は中国人が世界をリードしていた時代であり、この百数十年間の中国の没落は例外的なことにすぎず、中国が世界の中心として復活するのは当然のことであると信じているのだ。

かつて毛沢東は、「核戦争で人口の半分が死滅しても、戦後の廃墟から社会主義社会を再建できる」「核戦争はたいしたことではない。中国人の半分が死んでも、女性はあいかわらず子供を産むから、それで問題は解決できる」などと語った。

このように国の力量を人口数で測ろうとするのは中国の伝統文化、つまり伝統的な人命軽視の生命観からくるものだ。朱少将の、

「人口の八割以上を犠牲にしてでも核先制攻撃を行うべき」

「地球人口の半分が死んでも全面核戦争を遂行するべき」

という主張の根底にも、同様の生命観がある。

中国の歴史は大量餓死、大量虐殺の繰り返しで、それによって人口が調節されてきた。だから中国人は、何千万人、何億人が死のうと、それほど深刻に考えない。人命など尊重に値するものではないのだ。

同胞の生命ですらそうなのだから、夷狄《いてき》（外国人）の生命などなおさらだ。明末期、清初期

の代表的な学者である王夫之《おうふうし》は、「夷狄は禽獣《きんじゅう》であり、殺しても裏切っても、不仁、不義とはならない」と主張したが、今でも中国人の中にはそのような潜在意識がある。

そこに近年の愛国教育が加わり、今の中国の青少年たちは、たとえ全面核戦争になっても中国は絶対に勝つ、核戦争は不可避であるからその実行は早ければ早いほど有利だなどと信じて疑わず、反日デモでも、対日核攻撃を声高に叫ぶのである。

日本人にはまったく理解できない生命観だろう。だが逆に、中国人から見れば、日本人の核アレルギーや平和主義は、理解もできなければ信用もできないのだ。

**王夫之**（1619〜1692）明末から清初にかけての思想家・儒学者。強い華夷思想と身分秩序の確立の必要性を表し、その一方で尚古主義を批判して、中華民族を復興して新しい政治を確立する必要を唱えた。

## ⑧膨張と縮小を繰り返す原理

中国は、はじめ黄河流域の中下流域である中原地方に生まれ、時代とともに膨張と縮小を繰り返し、今日、広大な領土をもつ。

ではなぜ中国は膨張するのか。秦始皇帝の中華帝国以来、二千余年にもわたって、版図拡大をつづけてきたわけではなく、国力によって膨張と縮小を繰り返し、今日にいたっている。もちろんそれは中華帝国にかぎらず、ローマ帝国も大モンゴル帝国もそうだった。

それは自然の摂理、国家の限界でもある。たとえば漢の武帝は生涯征戦に明け暮れていた。一時、国土は万里長城を越え、西域までをも影響下におさめたものの、長期的には支配することができず、やがて新開の領土をも放棄せざるをえなかった。元の木阿弥になる。

ではなぜ中華帝国は膨張と縮小を繰り返し、いつも夷狄に征服され、易姓革命まで起こったのだろうか。

新マルクス主義を修正した中国経済史家のマーク・エルヴィンの「高位均衡の罠」の理論によると、中国文化生態の変教とは巨大規模の政治単位、経済生産性、総生産量（軍事技術力、官僚行政力）の三要素と組織面、軍事面、経済面という総合的技術力の総和である。

もし、この三要素の中のいかなる要素、あるいは全部の要素が隣邦を超えるとき、中華帝国の領土が拡張しはじめる。つまり国力が強くなり、周辺諸国より国力がうわまわるとなれば、対外侵略をする。逆に弱くなれば侵略される。南宋のように国土が縮小していく。

しかしこの巨大な王朝に絶えざる内部的技術革新がなければ、絶えず技術革新をとげてきた周辺の夷狄に圧倒される。だから帝国の巨大なる空間と夷狄の空間との均衡を確保するためには、内部的社会制度はつねに強迫と緊張状態を強いられる。最大限度の帝政維持と軍事費用を捻出《ねんしゅつ》するためには、過酷な徴税を断行せざるをえない。その結果、農民は疲弊《ひへい》し、地元豪族の土地収奪を招来する。中央政府はやむをえず均田制や徴兵制のような政治改革を推進せざるをえない。しかしやがて社会変化の発生が徴兵制を支える農民の没落を招来し、夷狄の傭兵《ようへい》がそれにとって代わる。国内は次第に夷狄化され、ついに中華帝国の崩壊をもたらすのである。

中世から中国は繰り返しモンゴル人の元や満州人の清に征服され、近代になってからも西夷や東夷に圧迫され、じっさい夷狄化していく。華風が徐々に棄てられていく。社会主義中国として版図を拡大したものの、逆に多くの異民族をかかえ、中華民族の創出はむずかしく、過大膨張の中国はこれからどうなるか。歴史の罠からはたして脱出できるのか。

## ⑨中央と地方同時崩壊の法則

巨大国家の統合は、人流と物流、さらに情報がかなり発達し、緊密化する現代においてもむずかしい。だからインドもアメリカも連邦制を採用し、ソ連はかつては国家連合、ドイツでさえ連邦制をとらざるをえなかった。

人民共和国が史上最高の中央集権国家となり、「人民専制」を中国的特色をもつ社会主義だと強調するのはじつに異例である。

秦始皇帝以来、なぜ易姓革命によって、中華帝国は崩壊と復活を繰り返してきたのか、その理由は多々ある。地方と中央との同時崩壊を脱出することができなかったことも、大きな理由の一つだ。中国にとって、クリアするのが非常にむずかしい問題である。

争乱が絶えないのも、天下崩壊を繰り返すのも、日本のように「万世一系」の夢が果たせなかったのも、この地方と中央との同時崩壊の法則（陥穽《かんせい》）から這いあがることができないからである。

中国は一つという「国のかたち」は中華帝国にかぎらず、民国でも、人民共和国でも、中央集権体制は唯一の政体となる。中央集権体制しか国家として存在しえない。たしかに漢や晋、明のように一時的には「一国両制」を国是にしたものの、中央集権と地方分権（封建制）が同時並行すれば、結果的にはやはり中央集権体制になってしまう。

辛亥革命後、袁世凱時代の道州制は幻想となり、中華連邦共和国の運動は二〇世紀の一九二〇年代に一時抬頭したものの、連邦派vs.統一派の内戦が湖南vs.湖北、広西vs.広東の戦争で、「連省自治」（連邦）派がつぶされた。連邦派が満州国の建国に成功したのは、日本の関東軍の支援があったからである。

二千余年来、秦始皇帝をはじめ王朝が立つと、すぐ中央集権体制が機能し、統治下の地方のすべての人的、財的、物的資源は中央に一極集中する。結果的には地方の人的、財的、物的資源の消失、流出によって、必然的に地方の貧窮化をもたらし、最終的には地方の崩壊をもたらし、各地方の連鎖的な崩壊によって、中央との同時崩壊をもたらし、巨大帝国が連鎖的に崩壊していく。

歴代王朝の末期に見られるような天下大乱は、その同時崩壊によって引き起こされる社会現象の一つである。

たとえば人民共和国の時代になっても、北京だけが栄え、地方はその恩恵を享受することができなかった。もっとも豊かな地方である東北（満州）や上海の税金はずっと搾取、掠奪《りゃくだつ》され、没落していた。陝西《せんせい》の民衆よりも中央の京官（中央政府高官）やバックの上海幇を肥やしていた。だから陝西の反中央政府の勢力は、「石炭は陝西人民のものであり、京官（北京）と上海幇のものではない」と石炭列車を襲撃、組織的ゲリラ戦を展開していく。中国の中央vs.地方との対峙対立は、内部矛盾と葛藤を昂進させ、必然的に同時崩壊の危機を招く可能性をはらんでいる。

## ⑩自然の逆襲がもたらすパンデミックの危機

中国の自然崩壊については、二千余年前の戦国時代の初期に取り上げられている。すでに『孟子』や『韓非子』で、森林の消失がはじまり、人口過剰と過剰な自然開発が指摘されている。『韓非子』ではずばり、「昔は人が少なく物が多い。だが、今では人が多く物が足りなくなる。だから世の争いは激しくなる」と述べ、人が争う根源的な理由として、人口過剰と資源減少について非常に簡単明瞭に取り上げている。

中国で水害と旱魃が激しくなったのは、秦漢の時代からである。この時代には、人口はほとんどが関中か黄河両岸に集中し、山河が崩壊しはじめている。

秦漢以後から山河の崩壊は黄河流域から長江流域、さらに珠江流域へと時代とともに南下し、全国規模へと広がっていく。

人口と資源のバランスは完全に失われ、人口爆竹は二〇〇〇年来、炸裂しつづけている。たとえば漢の最盛期は人口は約六〇〇〇万人前後、奴隷も入れると約一億人と推定されている。だが、三国時代は人口が激減、三国総計で八〇〇万人未満と、現在の東京都より少ない。乾隆の盛世になると、人口が三億を超え、一九世紀中葉のアヘン戦争の時代にはすでに四億を超えていた。

近代中国を見ると、天災と戦争の拡大再生産を繰り返し、餓死者や流民が一〇〇〇万人を超えることも珍しくない。満州事変当時の約八年間に天災で死亡、流民が続出、被害者は全人口の四分の三に達し、西北大飢饉では一〇〇〇万人以上の餓死者が出た。ことに一九六〇年代の大躍進の失敗では、人民中国の人民のうち約三〇〇〇万から五〇〇〇万人が餓死したと推測されている。

中国の内部では二千余年来、中央と地方の同時崩壊が社会のしくみとして繰り返されてきたものの、同時崩壊の鉄則は中国内部にかぎらない。

世界の疫病史（瘟疫《おんえき》）はほとんどが中国発の病原菌によるものである。中世の欧州を襲った黒死病（ペスト）も中国発という説が最有力である。宋も元も王朝が崩壊したのは黒死病による大量死が原因であった。明の滅亡も天然痘とコレラが主因であると歴史に記録されている。

近年、世界で大流行しているインフルエンザ系の伝染病はほとんどが中国発で、二〇〇〇年以後の新型肺炎ＳＡＲＳも、鳥インフルエンザも中国発であったことは、日本人も記憶に新しいだろう。やがて世界を襲うパンデミックはどうなるか、中国と道連れになる未来の人類はどう生きていくのか、もっと複眼的に中国を見つめなければならない。

たしかに近年中国の経済力と軍事力はかなり突出しているが、これからいったいどうなるか。よく忘れられているのは、中国の自然と社会のしくみや摂理である。

中国が近年遂げた異常な経済的成功は、国内的には格差を大きく広げただけでなく、再生不可能な深刻な環境破壊をもたらしている。一年のＧＤＰ成長が三年分のＧＤＰ成長額に匹敵する環境破壊をもたらしている（鄭義『中国之毀滅』より）。

川も湖も海洋も空気も大地も深刻な環境汚染を受け、この国が徐々に黄泉《よみ》の国へと沈んでいくことはすでに世界の常識となっている。

だから今現在、中国から加速的にヒトもカネも大脱走していることが報告されている。今までの経済難民も環境難民に変わり、より安定した経済基盤を求めて国外へ流出していく従来のケースとは異なり、汚染のない環境を求めて流出していくケースに変わっている。中国の中央と地方の同時崩壊はさらに地球的規模の環境汚染により、人類破局の危機にもなりうる。それこそ中国のカタストロフィーであり、人類はどう中国発カタストロフィーの道連れから脱出するか、「中国の夢」とは異なる「人類の夢」と知るべきではないだろうか。

「中国人の夢」は単なる自分たちだけの夢話ではすまされない。この厄介な隣人はこれからどうなるのか、それが人類共通の課題となろう。

というのは、「中国の夢」と「人類の夢」とはまったくちがうからだ。人類が現在直面している資源、人口、環境という共通の問題以外には、「中国の夢」も未来の人類にとって共通の課題となろう。

# 中国現代史年表

| | |
|---|---|
| １９４９年１月 | 中国人民解放軍が北京市人民政府を樹立。 |
| １９４９年10月 | 毛沢東、北京で中華人民共和国成立を宣言。国家主席に就任。 |
| １９４９年12月 | 蒋介石、台湾に逃れて台北で国民政府樹立、翌年復職宣言して総統就任。 |
| １９５０年10月 | 中国人民義勇軍、鴨緑江を超えて朝鮮戦争に参戦。 |
| １９５１年12月 | 人民解放軍、チベットのラサに進駐。中国政府、汚職・浪費官僚主義反対の思想運動「三反五反運動」開始。 |
| １９５３年１月 | 第1次5カ年計画開始 |
| 7月 | 国連軍との間に朝鮮戦争休戦協定が結ばれる。 |
| １９５４年２月 | 中国共産党第7期第4回中央委員会全体会議（中全会）開催。 |
| 6月 | 周恩来総理、インドと「平和5原則」確認の共同声明発表。 |
| 9月 | 第1期全国人民代表大会（全人代）開催。国家主席・毛沢東、総理・周恩来、大会常務委員長・劉少奇。 |
| 10月 | 中ソ共同声明発表。 |
| １９５５年８月 | 第1回米中大使級会議開催。 |
| １９５６年５月 | 百花斉放・百家争鳴始まる。夏ごろ、チベット動乱発生。 |
| 9月 | 中国共産党8全大会開催。 |
| １９５７年６月 | 第1期全国人民代表大会第4回会議開催、反右派闘争展開。 |
| 11月 | 毛沢東、モスクワで開催された共産党・労働者党代表者会議で「東風は西風を圧す」演説。 |

| | |
|---|---|
| 1958年5月 | 中国共産党第8期全国大会第2回会議開催、大躍進政策開始。 |
| 6月 | ソ連の援助で原子炉を建設、運転開始。 |
| 8月 | 中国軍、台湾金門島砲撃開始。 |
| 1959年3月 | チベット人蜂起、人民解放軍と衝突、ダライ・ラマ14世はインドへ亡命。 |
| 4月 | 第2期全国人民代表大会開催、劉少奇国家主席に就任、毛沢東は党主席に。 |
| 7月 | 廬山会議が開かれ、彭徳懐らが失脚。 |
| 8月 | 中国軍とインド軍衝突。 |
| 1960年7月 | 中ソ国境紛争起こる。 |
| 8月 | 周恩来総理「日中貿易3原則」を提案。 |
| 10月 | 中国・ビルマ間で国境条約調印。 |
| 1961年1月 | 中国共産党第8期9中全会開催。第2次5カ年計画中止。 |
| 6月 | 中国共産党成立40周年記念大会。中ソ関係が決裂。 |
| 1962年7月 | 中印国境紛争勃発。 |
| 9月 | 中国軍、米U2型機を撃墜。 |
| 11月 | 中国軍、インド国境から撤退、停戦宣言。 |
| 1963年7月 | 中ソ共産党会議開催も、物別れ。 |
| 12月 | 周恩来、アフリカ諸国歴訪。 |
| 1964年10月 | 初の原爆実験に成功。 |
| 12月 | 第3期全国人民代表大会第1回会議開催、劉少奇国家主席に就任。 |
| 1965年5月 | 第2回核実験に成功。 |

| | |
|---|---|
| 1966年5月 | 文化大革命開始。 |
| 8月 | 北京天安門大広場で紅衛兵らの100万人集会開催。 |
| 10月 | 劉少奇、鄧小平らが失脚。 |
| 1967年5月 | 香港で反英闘争激化。 |
| 6月 | 初の水爆実験に成功。 |
| 1968年9月 | 全一級行政区に革命委員会成立。 |
| 10月 | 中国共産党第8期12中全会開催、劉少奇を除名。 |
| 1969年3月 | 珍宝島で中ソ国境紛争が勃発。 |
| 4月 | 共産党第9回全国代表大会で林彪を毛沢東の後継者に。 |
| 7月 | 黒竜江の八岔島（ゴルジンスキー島）でソ連と大規模な武力衝突。 |
| 1970年4月 | 初の人工衛星打ち上げに成功。 |
| 10月 | カナダと国交樹立。 |
| 1971年7月 | 周恩来・キッシンジャー会談。 |
| 9月 | 林彪、毛沢東暗殺軍事クーデターを起こすも失敗、飛行機で逃亡中墜落死。 |
| 10月 | 国連総会でアルバニア決議を採択、中華民国に代わり国連常任理事国に。 |
| 1972年2月 | 米国ニクソン大統領、中国訪問。米中共同声明発表。 |
| 9月 | 田中首相訪中、日中国交正常化。 |
| 1973年2月 | ワシントンに連絡事務所設置。 |
| 8月 | 中国共産党第10回全国代表大会開催、林彪の党籍永久剝奪、鄧小平ら復活。 |
| 1974年6月 | 批林批孔運動激化、壁新聞激増。 |
| 1975年12月 | フォード米大統領訪中。 |

| | |
|---|---|
| 1976年1月 | 周恩来総理死去（78歳）。 |
| 4月 | 天安門事件発生。鄧小平がふたたび失脚。 |
| 9月 | 毛沢東党主席死去（82歳）。 |
| 10月 | 華国鋒が党主席に就任。四人組を逮捕、文化大革命終結。 |
| 1977年8月 | 中国共産党第11回全国代表大会開催、第1次文化大革命終結宣言。 |
| 1978年12月 | 中国共産党第11期中央委員会第3回全体会議開催、改革開放路線を決定、鄧小平が最高実力者に。 |
| 1979年1月 | 米国と国交正常化。 |
| 2月 | 中越戦争勃発。人民解放軍がベトナムに侵攻。 |
| 1980年2月 | 中国共産党第11期5中全会開催、胡耀邦を総書記に選出。 |
| 8月 | 第5期全人代第3回会議開催、趙紫陽が首相に就任。 |
| 1981年6月 | 中国共産党第11期6中全会開催、鄧小平党中央軍事委員会主席に就任。 |
| 1982年9月 | 英国サッチャー首相訪中。香港問題について協議。 |
| 1983年6月 | 第6期全人代第1回会議開催、国家主席に李先念、国家中央軍事委員会主席に鄧小平就任。 |
| 1984年10月 | 経済体制改革決定。人民解放軍100万人削減を発表。 |
| 1985年6月 | 人民公社解体、郷鎮政府へ転換。 |
| 1987年7月 | 台湾戒厳令廃止。 |
| 11月 | 第13期1中全会開催、趙紫陽、中共中央総書記に就任。台湾の大陸親族訪問解禁。 |
| 1988年1月 | 中華民国・蔣経国逝去、李登輝中華民国総統就任。 |
| 3月 | 楊尚昆、国家主席就任。 |
| 1989年3月 | チベット人と武装警察隊、人民解放軍が衝突。 |
| 6月 | 第2次天安門事件発生。趙紫陽首相が失脚。江沢民が党中央総書記に選出される。 |

| | |
|---|---|
| 1990年9月 | 北京でアジア競技大会が開催される。 |
| 1992年1月 | 鄧小平が南巡講話を発表する。 |
| 1993年3月 | 第8期全人代開催、江沢民が国家主席に就任。 |
| 1994年12月 | 世界最大の三峡ダム建設に着工。 |
| 1996年3月 | 台湾海峡危機。台湾の総統選挙に際し、人民解放軍が台湾沖にミサイルを発射。米国が空母機動艦隊を派遣。 |
| 1997年2月 | 鄧小平死去（92歳）。 |
| 7月 | 英国、香港の主権を中国に返還（香港返還）。 |
| 1998年3月 | 第9期全人代開催、朱鎔基、国務院総理に選ばれる。 |
| 1999年5月 | 在セルビア・モンテネグロ大使館が米軍から爆撃され、中国で反米デモが発生。 |
| 12月 | ポルトガルからマカオが返還される。 |
| 2001年6月 | 上海協力機構（SCO）が成立。 |
| 12月 | WTOに加盟、高度成長始まる。 |
| 2002年11月 | 胡錦濤が党中央総書記に選出される。広東、香港、北京などでSARSが発生。 |
| 2003年3月 | 第10期全国人民代表大会第1回会議開催、胡錦濤が国家主席に、温家宝が国務院総理に選出される。 |
| 2004年9月 | 胡錦濤が党中央軍事委員会主席に選出される。 |
| 2005年3月 | 台湾独立を阻止するための「反分裂国家法」成立。 |
| 4月 | 日本の国連安保理常任理事国入りに反対を掲げ中国各地で反日デモが発生。 |

| | |
|---|---|
| 2006年1月 | 週刊誌〝氷点〟停刊事件。言論弾圧事件として世界に報道される。 |
| 7月 | 中国南部で台風水害。広東省だけで被災者741万人、死者106人、行方不明77人。死傷者3000人以上。四川、重慶などでは記録的な旱魃。 |
| 2007年 | GDPが独を抜いて世界3位に（発表は2009年1月）。 |
| 2008年3月 | ラサでチベット族の暴動発生、他地域のチベット族居住地域にも拡大。 |
| 5月 | 四川大地震が発生、死者・行方不明は8万人超。 |
| 8月 | 北京オリンピック開催。 |
| 9月 | 神舟七号が打ち上げ成功、中国初の宇宙遊泳。 |
| 2010年5月 | 上海万博開幕。 |
| 2011年1月 | GDPが日本を抜いて世界2位になったと発表。 |
| 2012年9月 | 重慶事件で薄熙来党籍はく奪・失脚。 |
| 9月 | 尖閣問題で反日デモ頻発。 |
| 11月 | 中国共産党第18期1中全会開催。習近平が党中央総書記と党中央軍事委員会主席に選出される。 |
| 2013年3月 | 第12期全人代第1回会議開催。習近平が国家主席・国家中央軍事委員会主席に選出される。李克強が国務院総理（首相）に就任。 |

**著者：黄文雄**（こう・ぶんゆう）

1938年台湾生まれ。1964年来日。早稲田大学商学部卒業、明治大学大学院修士課程修了。『中国の没落』(台湾・前衛出版社)が大反響を呼び、評論家活動へ。1994年巫永福文明評論賞、台湾ペンクラブ賞受賞。中国・東アジアに対する分析力は、高く評価されている。著書に、『日本人よ！「強欲国家」中国の野望を砕け』『学校では絶対に教えない植民地の真実』『売国奴【新装版】』（以上、ビジネス社）、『「日中戦争」は侵略ではなかった』(ワック)、『大日本帝国の真実』(扶桑社)、『黄文雄の近現代史集中講座』シリーズ、『世界から絶賛される日本人』『日本人はなぜ中国人、韓国人とこれほどまでに違うのか』(以上、徳間書店)など多数。

写真提供／AFP＝時事、時事通信フォト

**真実の中国史［1949-2013］**

2013年11月１日　第１刷発行

著　者　黄　文雄
発行者　唐津　隆
発行所　株式会社ビジネス社
〒162－0805　東京都新宿区矢来町114番地
神楽坂高橋ビル5F
電話　03－5227－1602　FAX 03－5227－1603
URL　http://www.business-sha.co.jp/
〈カバーデザイン〉常松靖史（TUNE）　〈本文組版〉茂呂田剛（M＆K）
〈印刷・製本〉モリモト印刷株式会社
〈編集担当〉本田朋子　〈営業担当〉山口健志


ISBN978-4-8284-1730-1

ビジネス社の本

# 朝鮮・台湾・満州
# 学校では絶対に教えない
# 植民地の真実

黄文雄……著

定価1000円（税込）
ISBN978-4-8284-1706-6

朝鮮や台湾、中国をつくったのは
日本である。
植民地支配が必ずしも
「悪」とは限らない！

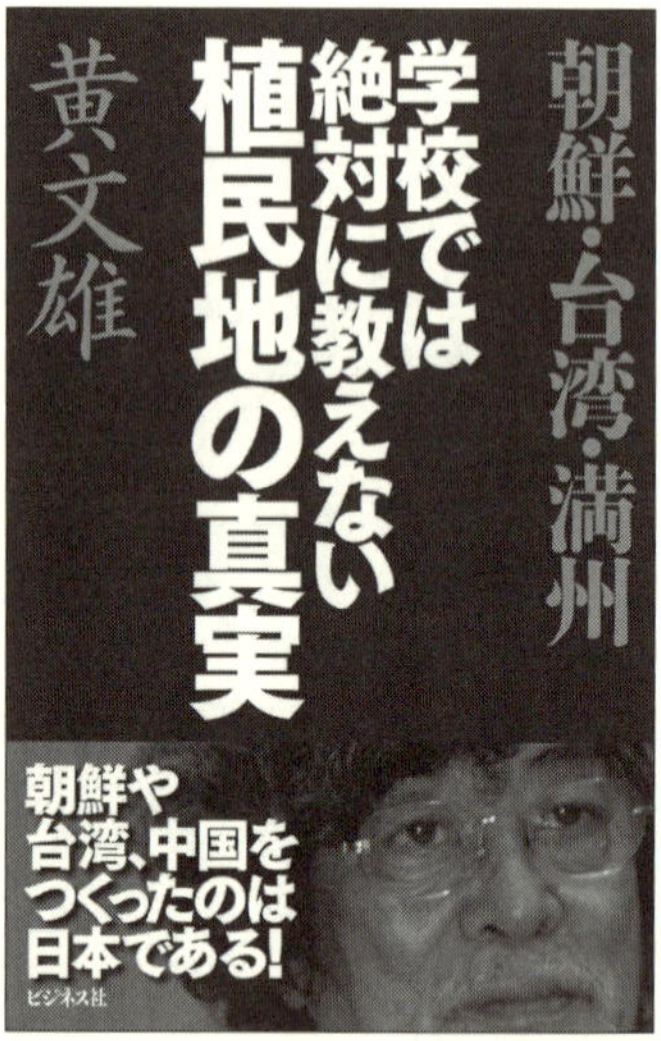


本書の内容